Joachim E. Wald

Beziehungstraining

Ein Seminardesign für PR-PraktikerInnen

disserta
Verlag

Wald, Joachim E.: Beziehungstraining: Ein Seminardesign für PR-PraktikerInnen,
Hamburg, disserta Verlag, 2013

Buch-ISBN: 978-3-95425-156-8
PDF-eBook-ISBN: 978-3-95425-157-5
Druck/Herstellung: disserta Verlag, Hamburg, 2013
Covermotiv: © carlosgardel – Fotolia.com

Bibliografische Information der Deutschen Nationalbibliothek:
Die Deutsche Nationalbibliothek verzeichnet diese Publikation in der Deutschen Nationalbibliografie; detaillierte bibliografische Daten sind im Internet über http://dnb.d-nb.de abrufbar.

Das Werk einschließlich aller seiner Teile ist urheberrechtlich geschützt. Jede Verwertung außerhalb der Grenzen des Urheberrechtsgesetzes ist ohne Zustimmung des Verlages unzulässig und strafbar. Dies gilt insbesondere für Vervielfältigungen, Übersetzungen, Mikroverfilmungen und die Einspeicherung und Bearbeitung in elektronischen Systemen.

Die Wiedergabe von Gebrauchsnamen, Handelsnamen, Warenbezeichnungen usw. in diesem Werk berechtigt auch ohne besondere Kennzeichnung nicht zu der Annahme, dass solche Namen im Sinne der Warenzeichen- und Markenschutz-Gesetzgebung als frei zu betrachten wären und daher von jedermann benutzt werden dürften.

Die Informationen in diesem Werk wurden mit Sorgfalt erarbeitet. Dennoch können Fehler nicht vollständig ausgeschlossen werden und die Diplomica Verlag GmbH, die Autoren oder Übersetzer übernehmen keine juristische Verantwortung oder irgendeine Haftung für evtl. verbliebene fehlerhafte Angaben und deren Folgen.

Alle Rechte vorbehalten

© disserta Verlag, Imprint der Diplomica Verlag GmbH
Hermannstal 119k, 22119 Hamburg
http://www.disserta-verlag.de, Hamburg 2013
Printed in Germany

Inhaltsverzeichnis

A. Einleitung 13

1. Einführung 13

2. Ziele und Methode 16

3. Inhalt und Aufbau 19

B. Theorieteil 23

1. Interpersonelle Kommunikation 23

    1.1 Formen der Interpersonellen Kommunikation 25

        1.1.1 Verbale Kommunikation 25

        1.1.2 Nonverbale Kommunikation 28

        1.1.3 Technisch vermittelte Kommunikation 30

    1.2 Erfolgsfaktoren für gelungene Interpersonelle Kommunikation ... 33

        1.2.1 Phasen des Zuhörens 33

        1.2.2 Feedback 35

        1.2.3 Kommunikative Kompetenz 39

    1.3 Zusammenfassende Betrachtung 42

2. Kommunikationsspezifische Aspekte von Public Relations ... 46

    2.1 Die Organisation als Kommunikator 47

    2.2 Integrierte Unternehmenskommunikation 48

    2.3 Dialogorientierte Unternehmenskommunikation 54

    2.4 Zusammenfassende Betrachtung 60

C. Theorie trifft Praxis 63

1. Interpersonelle Kommunikation im Public Relations-Alltag ... 63

2. Ergebnisse aus der Empirie 67

D. Empirischer Teil 75

1. Forschungsfragen 76

2. Ablauf und Methode 78

3. Kerninhalte eines Beziehungstrainings 80

4. Theorieinputs und Übungen für ein Beziehungstraining 88

5. Seminardesign für ein Beziehungstraining 96

E. Resümee 101

   1. Zusammenfassung 101

   2. Fazit 103

   3. Ausblick 105

F. Quellenverzeichnis 107

   1. Literaturangaben 107

   2. Sonstige Quellen 111

G. Anhang 113

   1. Theorieinputs 113

      1.1 Theorieinput 1: Nachrichtenquadrat und vierohriger Empfänger 113

      1.2 Theorieinput 2: Gespräche mit dem Nachrichtenquadrat 114

      1.3 Theorieinput 3: Verständlichkeit 116

      1.4 Theorieinput 4: Das 5-Schritt-Modell 117

      1.5 Theorieinput 5: Kommunikative Kompetenz 118

      1.6 Theorieinput 6: Transaktionale Analyse 119

      1.7 Theorieinput 7: Aktiv Zuhören 121

      1.8 Theorieinput 8: Fragetechniken für PR-Berater 122

      1.9 Theorieinput 9: Moderation 126

      1.10 Theorieinput 10: Paper „Feedback – Regeln" 130

   2. Übungen/Trainerleitfäden 132

      2.1 Trainerleitfaden 1: Schwieriges Gespräch mit Nachrichtenquadrat 132

      2.2 Trainerleitfaden 2: Kurzrede nach dem 5-Schritt-Modell 134

      2.3 Trainerleitfaden 3: Ich-Botschaften 135

      2.4 Trainerleitfaden 4: Laptop 136

      2.5 Trainerleitfaden 5: DISG-Kommunikationsprofil 141

2.6 Trainerleitfaden 6: Das Briefinggespräch 146

2.7 Trainerleitfaden 7: Die Moderation im PR-Kontext 147

2.8 Trainerleitfaden 8: Feedback in drei Schritten 149

Abbildungsverzeichnis

Abb. 1: Der Öffentlichkeitsarbeiter 69
Abb. 2: Der Public Relations-Manager 71
Abb. 3: Nachrichtenquadrat 89
Abb. 4: Der vierohrige Empfänger 89
Abb. 5: Verständlichkeit 90
Abb. 6: Transaktionale Analyse 92
Abb. 7: Aktiv Zuhören 93
Abb. 8: Teil 1: Methoden der Interpersonellen Kommunikation 97
Abb. 9: Teil 2: Beziehungen und Interpersonelle Kommunikation 98

Vorbemerkungen

Alle Fach- und Branchenbegriffe, die im vorliegenden Buch verwendet werden, sind bewusst ausgewählt, da die genaue Wortbedeutung als sehr relevant erachtet wird. Es folgen einige Überlegungen und Erklärungen zur Begriffsverwendung.

Es wird ausschließlich der Begriff Public Relations verwendet. Andere Begriffe, welche in der Praxis synonym zu Public Relations existieren, kommen nicht vor. Darunter fallen z. B. Öffentlichkeitsarbeit oder Pressearbeit. Public Relations beinhaltet, ins Deutsche übersetzt, den Begriff Beziehungen. Da Beziehungen im Zuge dieses Buches eine wesentliche Rolle spielen, wird dem Begriff Public Relations der Vorzug gewährt. Begriffe wie Öffentlichkeitsarbeit decken - von der Wortbedeutung her - nicht ab, was in dieser Branche tatsächlich geleistet wird bzw. was geleistet werden sollte.

Synonym verwendet werden hingegen die Begriffe Organisation und Unternehmen. Sollte nur einer der beiden Begriffe genannt sein, so wird der jeweils andere stets mitgedacht.

Im Bereich der Public Relations tätige Personen werden als PR-Ausübende, PR-Praktiker, PR-Berater oder auch PR-Beauftragte bezeichnet. Diese Begriffe sind synonym zu verstehen und werden im Sinne der Lesefreundlichkeit abwechselnd eingesetzt. Das gilt auch für die Begriffe Geschäftsführer und CEO (Chief Executive Officer). Mit diesem Buch und dem daraus entstehenden Seminardesign sind PR-Ausübende und Geschäftsführer gleichermaßen angesprochen, da beide ihr Unternehmen in der Öffentlichkeit repräsentieren und mit Anspruchsgruppen kommunizieren.

Sämtliche Begriffe, die sich auf Personen beziehen, werden zwar ausschließlich in der männlichen Form formuliert, sind aber immer als geschlechtsneutral zu verstehen. Auf Doppelnennung wird auf Grund der Lesefreundlichkeit verzichtet.

A. Einleitung

Das folgende Einführungskapitel bietet dem Leser die Möglichkeit, sich mit dem Themenbereich vertraut zu machen sowie die wichtigsten Vorüberlegungen des Autors zu rezipieren. Dabei werden auch Einschätzungen und Meinungen geäußert, die für eine Gesamtdarstellung des Themas als relevant erachtet werden.

1. Einführung

Die Zusammenführung der Themengebiete Interpersonelle Kommunikation und Public Relations blickt auf eine sehr junge Geschichte zurück. Es wurden erst wenige Versuche unternommen, beide Wissens- und Praxisbereiche gemeinsam zu betrachten. Umso mehr scheint diese Zusammenführung interessant zu sein, in jedem Fall ist sie aus Sicht der Praxis und der Wissenschaft relevant.

Einen schon längst überfälligen Schritt in Richtung gemeinsamer Betrachtung von Public Relations und Interpersoneller Kommunikation, hat jüngst Helga Payer (2010) im Zuge ihrer Dissertation an der Universität Salzburg gesetzt. Dabei ist eine theorielastige und dennoch sehr wichtige Vorarbeit geleistet worden. In meiner Magisterarbeit (Wald 2012) habe ich Aspekte von Payer aufgegriffen, das Thema aber praxisorientierter behandelt. Die Ergebnisse daraus geben bereits konkrete Hinweise darüber, wie die PR-Praxis tatsächlich mit dem Thema Interpersonelle Kommunikation umgeht. Sie werden auch in diesem Buch zusammengefasst präsentiert.

Es ist auf jeden Fall davon auszugehen, dass die Interpersonelle Kommunikation in der Public Relations maßgeblich zum Erfolg beiträgt, wenn auch oft unbewusst. Stefan Riefler, Geschäftsführer einer Münchner PR-Agentur, brachte es innerhalb eines informellen Inputgesprächs auf den Punkt: „Interpersonelle Kommunikation für den Kunden findest fast immer statt. Der große Unterschied zu anderen Instrumenten ist: Sie wird nicht extra benannt und vor allem nicht extra bezahlt."

Riefler meinte damit vor allem jene Gespräche, in denen er seine Kunden mit relevanten Medienvertretern „zusammenbringt". Das ist nur ein Beispiel für den Einsatz von Interpersoneller Kommunikation in der Public Relations Praxis. Doch in diesem

Fall ist das kommunikative Gespür von Riefler sogar sein persönlicher USP (unique selling proposition, Alleinstellungsmerkmal). Denn gerade diese Kommunikationsfähigkeiten schätzen seine Kunden an ihm. Als Kleinagentur setzt er auf dieses Pferd, da er sich durch diese äußert persönliche Betreuung von großen Agenturen abheben kann.

Was soll dieses Praxisbeispiel an dieser Stelle aussagen? Zum einen, dass Theorie ohne Praxis nicht existieren kann und umgekehrt. Zum anderen bringt dieses Beispiel auf den Punkt, welche wichtige Rolle die Interpersonelle Kommunikation spielen kann, ohne dass sie explizit erwähnt oder eben auch bezahlt wird.

Was sind nun die Konsequenzen daraus, dass Interpersonelle Kommunikation permanent stattfindet nicht explizit kommuniziert wird? Diese Frage würde sich nur mittels einer wissenschaftlichen Untersuchung seriös beantworten lassen. Doch sei innerhalb der Einführung auch etwas Spekulation erlaubt. Die Antwort könnte folgendermaßen lautet: Dadurch, dass Interpersonelle Kommunikation nicht explizit angesprochen und schon gar nicht extra verrechnet wird, kann sie auch keinen hohen Stellenwert in der Public Relations erreichen. Ein PR-Ausübender, der in puncto Interpersoneller Kommunikation bestens geschult ist, wird von seinen Fähigkeit vermutlich immer nur indirekt profitieren. Das heißt, er wird es in manchen Situationen leichter haben und in anderen Situationen vielleicht sogar etwas erfolgreicher sein, als sein Kollege dessen kommunikative Kompetenz Defizite aufweist.

Auch die jüngere Literatur, die sich mit der modernen Public Relations befasst, passt hervorragend zu dieser Diskussion. Es dominieren Begriffe wie dialogorientierte Kommunikation. Unternehmen müssen einen Beitrag für die Gesellschaft leisten und die Bedürfnisse und Wünsche ihrer Stakeholder ernstnehmen. Um dies tun zu können, müssen Unternehmen mit ihren Anspruchsgruppen in den Dialog treten und dabei ist die Interpersonelle Kommunikation wohl das geeignetste Mittel. Einzig und alleine die begrenzten Zeit- und Personalressourcen sind Gegenargumente, welche der Interpersonellen Kommunikation als Kommunikationsmaßnahme entgegenstehen.

An dieser Stelle schließt sich der Kreis. Die Interpersonelle Kommunikation, deren Funktion es unter anderem ist Beziehungen aufzubauen, passt hervorragend zu modernen, dialogorientierten Unternehmen, die ernsthaftes Interesse an ihren Stakeholdern haben und einen Beitrag für die Gesellschaft leisten möchten.

Freilich gibt es auch einen Gegenpol zu offenen, kommunikationsorientieren Unternehmen. Unternehmen mit einer strategischen und profitorientieren, also rein auf die Unternehmensziele ausgerichteten, Kommunikation stellen die Kehrseite dar. Doch gerade diese Unternehmen geraten immer häufiger an den Pranger der Öffentlichkeit. Unternehmen die den persönlichen Kontakt zu Anspruchsgruppen scheuen und deren Repräsentanten nicht in der Lage sind, durch Medienauftritte einen positiven Eindruck zu vermitteln, werden es nicht schaffen eine positive Reputation aufzubauen bzw. aufrecht zu erhalten.

Moderne Unternehmen sind also immer mehr gezwungen, nicht nur offiziell auf Dialogbereitschaft, Transparenz und Ehrlichkeit zu setzen, sondern dies auch zu leben, sprich nach diesen Prinzipien zu handeln. Die Interpersonelle Kommunikation kann ein Hilfsmittel sein, um Beziehungen aufzubauen, zu gestalten und aufrechtzuerhalten. Sie ist aber auch bestens geeignet, um im Falle eines sich annähernden oder bereits ausgebrochenen Konfliktes, eine faire Lösung für beide Seiten herbeizuführen.

In diesem Sinne soll das vorliegende Buch einen Denkanstoß geben, aber auch konkrete und wünschenswerte Handlungsmöglichkeiten für die Praxis vorschlagen. Positive Kommunikationsprinzipien für Unternehmen als idealtypisch oder gar praxisfern zu bezeichnen, ist alles andere als zeitgemäß. Offene, transparente und ehrliche Unternehmenskommunikation wird längst von der Gesellschaft erwartet und wird die erfolgreichen Unternehmen der Zukunft ausmachen.

2. Ziele und Methode

Die vorliegende Untersuchung basiert auf einigen Forschungsfragen, die sich im Zuge einer ersten Literaturanalyse herauskristallisiert haben und als relevant erachtet wurden. Die Forschungsfragen lauten wie folgt:

- Welche Modelle/Instrumente/Methoden aus der Interpersonellen Kommunikation sind geeignet, um sie gezielt in der PR-Praxis einzusetzen?

- Welche Modelle/Instrumente/Methoden aus der Interpersonellen Kommunikation können zu einer erfolgreicheren Public Relations-Kommunikation beitragen?

- Welche Modelle/Instrumente/Methoden aus der Interpersonellen Kommunikation lassen sich zum Aufbau von Beziehungen zu Anspruchsgruppen einsetzen?

- Welche Modelle/Instrumente/Methoden aus der Interpersonellen Kommunikation lassen sich zur Förderung und Pflege der Beziehungen zu Anspruchsgruppen einsetzen?

- Welche Modelle/Instrumente/Methoden aus der Interpersonellen Kommunikation lassen sich zur Analyse der Beziehungen zwischen Anspruchsgruppen und Unternehmen einsetzen?

- Welche Modelle/Instrumente/Methoden aus der Interpersonellen Kommunikation können eingesetzt werden, wenn Konflikte mit Anspruchsgruppen drohen oder bereits vorhanden sind?

- Wie müssen Methoden/Übungen aus dem Bereich der Interpersonellen Kommunikation adaptiert werden, um sie für ein PR-Seminar verwenden zu können?

Im Theorieteil dieses Buches (Abschnitt B) werden relevante Teilaspekte aus den Bereichen Interpersonelle Kommunikation und Public Relations vorgestellt und diskutiert. Die Basis dafür ist eine Metaanalyse, welche als wichtig erachtete Literatur umfasst und folgenden Zweck erfüllen soll:

> Die übergeordneten Ziele sind die Vereinfachung, Reduktion, Prüfung und Generalisierung von spezifischen Phänomenen, Theorien oder Methoden in einem bestimmten Forschungsfeld, die aus der Synthese von mehreren Primärstudien und bereits vorhandenen Publikationen resultieren. (Lueginger/ Renger 2009: 21f.)

Dabei werden theoretische Beiträge zu den Themenbereichen Interpersonelle Kommunikation und Public Relations zusammengefasst und evaluiert. Somit sollen neue Perspektiven sowie Erkenntnisse entstehen und zwar „auf einer höheren Ebene als jener der Einzelstudien." (Lueginger/Renger 2009: 22)

Im Abschnitt C dieses Buches (Theorie trifft Praxis) werden die theoretischen Vorüberlegungen und Ergebnisse auf die Public Relations-Praxis übertragen. Somit erfolgt somit der Brückenschlag zwischen Theorie und Praxis. Die Erkenntnisse dieses Praxistransfers sind die Basis für den folgenden Abschnitt des Buches.

Im empirischen Teil des Buches (Abschnitt D), erfolgt die Entwicklung von Übungen sowie des Seminardesigns, auf Basis der bis dahin erarbeiteten Ergebnisse. Dabei werden entsprechende Übungen und Theorieinputs ausgewählt und für den Einsatz in einem PR-Seminar adaptiert. Die Entwicklung des Seminardesigns wird auf Grundlage eines Verfahrens stattfinden, das im empirischen Teil genauer beschrieben wird. Ein Seminardesign mit mehreren Kernmodulen wird das Resultat dieser Entwicklung sein.

Das vorliegende Buch hat mehrere Teilziele. Es soll zum einen Bewusstseinsarbeit geleistet werden, um aufzuzeigen, welche wichtige Rolle die Interpersonelle Kommunikation im Zuge der Public Relations spielt. Somit wird der Stellenwert der Interpersonellen Kommunikation maßgeblich ins rechte Licht gerückt. Zum anderen bietet das - im Zuge dieses Buches entstehende - Seminardesign eine Anleitung für die Praxis, die wissenschaftlich fundiert ist und jederzeit in Form eines Seminars zur Weiterbildung von PR-Praktikern beitragen kann. Die Zielgruppe sind PR-Ausübende und Geschäftsführer in Organisationen, Unternehmen sowie in PR-Agenturen.

Nicht zuletzt soll auch ein Beitrag hinsichtlich des Professionalisierungsprozesses geleistet werden. In der Magisterarbeit von Wald (2012), wurde das Thema Professionalisierung ausgiebig diskutiert. Es stellte sich heraus, dass eine wissenschaftlich fundierte Ausbildung ein besonders wesentlicher Aspekt ist, um das Professionalisierungslevel der Public Relations zu erhöhen. Ob Public Relations je den Status einer Profession erreichen kann ist eine Frage, die berechtigt ist, an dieser Stelle aber nicht diskutiert wird. Fest steht, dass fundierte Weiterbildungsmaßnahmen, die von vielen PR-Ausübenden genutzt werden, das Level der PR-Arbeit auf eine noch professionellere Ebene heben. Dies wiederum könnte sogar zu einer besseren Reputation der gesamten Branche führen. Das Seminardesign soll zumindest einen kleinen Beitrag hierzu leisten und zu weiteren Schritten in diese Richtung anregen.

3. Inhalt und Aufbau

Das vorliegende Buch ist in sieben Abschnitte (A-G) gegliedert. Abschnitt A (Einleitung) beinhaltet dabei eine grundlegende Einführung in die Thematik (Kapitel: 1. Einführung). Die Einführung soll dem Leser einen Einstieg in die Themengebiete Interpersonelle Kommunikation und Public Relations bieten, vor allem aber auch die Relevanz für deren gemeinsame Betrachtung begründen. Daran anschließend werden die Ziele dieses Buches sowie die im Zuge der Untersuchung verwendeten Methoden vorgestellt (Kapitel: 2. Ziele und Methoden). Das vorliegende 3. Kapitel (Inhalt und Aufbau) rundet den einleitenden Abschnitt A ab.

Abschnitt B beinhaltet den Theorieteil des Buches. Dabei werden zunächst verschiedene Aspekte der Interpersonellen Kommunikation (1. Kapitel) präsentiert und diskutiert. In diesem Rahmen erfolgt eine theoretische Auseinandersetzung mit den Formen der Interpersonellen Kommunikation (Kapitel 1.1). Im Zuge dessen werden die verbale, die nonverbale und die technisch vermittelte Interpersonelle Kommunikation definiert und miteinander verglichen. Daran anschließend erfolgt eine praxisorientierte Präsentation jener Faktoren, die zum Gelingen der Interpersonellen Kommunikation beitragen können (Kapitel 1.2). Die einzelnen Themen dieses Kapitels sind, die Phasen des Zuhörens, das Feedback sowie das Konzept der kommunikativen Kompetenz. Dieses Konzept beinhaltet auch Fähigkeiten, die einen Rückschluss auf die bis dahin thematisierten Inhalte zulassen. Anders formuliert: Die kommunikative Kompetenz wird als Fähigkeit betrachtet, viele der vorgestellten Aspekte der Interpersonellen Kommunikation gut zu beherrschen, so dass Verständigung möglich wird. Mit Hilfe dieser Auseinandersetzung soll der Leser einen sehr nachvollziehbaren Eindruck darüber bekommen, welche Faktoren zu einer gelungenen Interpersonellen Kommunikation beitragen können. Eine zusammenfassende Betrachtung (Kapitel 1.3) hebt die wesentlichsten Aspekte der vorgestellten Kapitel heraus und verbindet diese.

Im Zweiten Teil von Abschnitt B (Theorieteil) werden Konzepte vorgestellt, die der Public Relations zuzuordnen sind. Dabei wird zunächst die Rolle einer Organisation als Kommunikator (Kapitel 2.1) und deren Ausprägungen betrachtet. Danach erfolgt eine Darstellung, der - aus Sicht des Autors - wichtigsten Aspekte der Integrierten Unternehmenskommunikation (Kapitel 2.2). Die Integrierte Unternehmenskommunikation stammt aus der Betriebswirtschaftslehre, weist aber gerade in Bezug auf die Interpersonelle Kommunikation einige interessante und relevante Merkmale auf.

Die Vorstellung der wichtigsten (aus Sicht der in diesem Kapitel zitierten Autoren) Eigenschaften der dialogorientierten Unternehmenskommunikation (Kapitel 2.3) bietet eine weitere interessante Perspektive zum Themenbereich Public Relations. Alle vorgestellten Inhalte bieten relevante Outputs, wenn sie durch die Brille der Interpersonellen Kommunikation betrachtet werden. Eine zusammenfassende Betrachtung (Kapitel 2.4) führt die einzelnen Konzepte zusammen und zeichnet das Bild eines Kommunikationsverständnisses für moderne Unternehmen.

Im Abschnitt C trifft die Theorie dann auf die Praxis. Dabei wird zunächst erläutert, welche Ergebnisse eine praxisorientierte Betrachtung von Interpersoneller Kommunikation in der Public Relations mit sich bringt. Dabei werden Interpersonelle Aspekte im Public Relations Alltag (1. Kapitel) benannt und dargestellt. Den zweiten Teil dieses Abschnittes (2. Kapitel) bildet die Präsentation der Ergebnisse aus einer empirischen Untersuchung (Wald 2012), welche eine wesentliche Basis für den empirischen Teil des Buches ist.

Der empirische Teil folgt daran anschließend im Abschnitt D. Dabei werden zunächst die Forschungsfragen (1. Kapitel) sowie der Ablauf und die Methode (2. Kapitel) vorgestellt. Dadurch sollen die weiteren Schritte für den Leser nachvollziehbar werden. Im 3. Kapitel werden jene Aspekte der Interpersonellen Kommunikation in der Public Relations präsentiert, die auch Einzug in das Seminardesign halten. Im anschließenden 4. Kapitel werden Theorieinputs, Übungen und Trainerleitfäden auf Basis der bisherigen Ergebnisse erstellt und vorgestellt. Abschließend wird das Seminardesign präsentiert (5. Kapitel).

Im Abschnitt E erfolgt eine Zusammenfassung der wesentlichsten Aspekte dieses Buches (1. Kapitel). Anschließend wird ein Fazit gezogen (2. Kapitel) sowie ein Ausblick gewagt (3. Kapitel).

Das Quellenverzeichnis ist im Abschnitt F zu finden. Dabei wird zunächst die gesamte Literatur (1. Kapitel) aufgelistet, die im Zuge dieses Buches verwendet wurde. Danach erfolgt eine Auslistung sonstiger Quellen (2. Kapitel). Darunter fallen beispielsweise verwendete Dokumente aus dem Internet und unveröffentlichte Papers.

Die Anhänge bilden den Abschnitt G. Darunter fallen alle vorgestellten Theorieinputs (1. Kapitel) sowie alle Übungen und Trainerleitfäden (2. Kapitel).

B. Theorieteil

Im vorliegenden Theorieteil werden Themenbereiche aus der Interpersonellen Kommunikation sowie aus der Public Relations behandelt, die für dieses Buch relevant erscheinen. Im Kapitel über Interpersonelle Kommunikation werden in komprimierter Art und Weise die verschiedenen Formen der Interpersonellen Kommunikation präsentiert. Anschließend werden die Erfolgsfaktoren über gelungene Interpersonelle Kommunikation thematisiert, die bereits einen starken praxisorientierten Charakter aufweisen. Gleiches gilt für das Kapitel kommunikative Kompetenz, welche den Theorieteil über Interpersonelle Kommunikation abschließt.

Im Theorieteil zu Public Relations werden Aspekte präsentiert, die gut in den Gesamtzusammenhang dieses Buches passen. Dabei wird die Rolle einer Organisation als Kommunikator dargestellt. Gefolgt von einer zusammenfassenden Betrachtung der Integrierten Unternehmenskommunikation. Ein abschließender Exkurs zur dialogorientierten Unternehmenskommunikation rundet dieses Kapitel ab und bietet wichtige Anregungen zum Thema.

1. Interpersonelle Kommunikation

Im Zuge dieser Untersuchung werden sehr spezifische und praxisrelevante Inhalte der Interpersonellen Kommunikation thematisiert und weiterentwickelt. Nicht zuletzt aufgrund der praxisorientierten Ausrichtung, folgt an dieser Stelle keine Übersicht über verschiedene Definitionen zur Interpersonellen Kommunikation. Vielmehr wird eine Zusammenfassung aus bereits etablierten Definitionen präsentiert, die Payer (2010: 62f.) entwickelt hat und die sich für das vorliegende Buch als passend erwiesen hat. Payer benennt die wichtigsten Merkmale der Interpersonellen Kommunikation wie folgt:

- „Interpersonelle Kommunikation ist eine Interaktion zwischen mindestens zwei Personen."
- „Interpersonelle Kommunikation erfolgt über Sprache und nonverbale Zeichen."
- „Interpersonelle Kommunikation ist ein Prozess."

- „Interpersonelle Kommunikation generiert Bedeutungen, Beziehungen und wechselseitige Beeinflussung."
- „Interpersonelle Kommunikation hat Verständigung zum Ziel."
- „Interpersonelle Kommunikation kann direkt (face-to-face) und technisch vermittelt sein." (Payer 2010: 62f.)

Darüber hinaus soll Interpersonelle Kommunikation die grundlegende Aufgabe erfüllen, Beziehungen aufzubauen und zu pflegen (vgl. Payer 2010: 63). Der Beziehungsaufbau sowie die Beziehungspflege werden auch innerhalb dieses Buches als herausragende Funktionen der Interpersonellen Kommunikation erachtet.

Die Face-to-Face-Situation ist also ein wesentlicher Aspekt der Interpersonellen Kommunikation. Jedoch wird nach Payers Definition deutlich, dass die beiden Begriffe nicht synonym verwendet werden können, weil dadurch andere Aspekte - wie z. B. die technisch vermittelte Interpersonelle Kommunikation - ausgeschlossen werden würden. Die Face-to-Face-Kommunikation definiert Beck wie folgt:

> In der Face-to-Face-Situation findet Kommunikation zwischen anwesenden Menschen, von Angesicht zu Angesicht, statt. Dabei handeln beide Kommunikanten intentional und kommunikativ, also mit der Absicht, sich wechselseitig über etwas zu verständigen. (Beck 2010: 53f.)

Bis auf den Aspekt „von Angesicht zu Angesicht" kann diese Anschauung auch auf technisch vermittelte Interpersonelle Kommunikation übertragen werden. Auch Burkart (2002: 25) betrachtet kommunikatives Handeln unter dem Gesichtspunkt der Intentionalität und unterscheidet dabei zwei mögliche Ziele. Zum einen möchte jeder kommunikativ Handelnde den Mitteilungs-Charakter seiner Handlung verwirklichen, er zielt also darauf ab, etwas Bestimmtes mitzuteilen. Diesen Aspekt nennt Burkart die allgemeine Intention:

> Damit verfolgt er das konstante Ziel jeder kommunikativen Handlung: er will Verständigung zwischen sich und seinem Kommunikationspartner herstellen. Dieses Ziel wird dann erreicht (=Verständigung liegt dann vor), wenn die Kommunikationspartner die jeweils gemeinten Bedeutungen tatsächlich miteinander teilen. (Burkart 2002: 26)

Darüber hinaus - so Burkart (2002: 26) - setzt der kommunikativ Handelnde seine Handlung aufgrund eines speziellen Interesses. Der Mensch möchte durch seine kommunikative Handlung, seiner Intention zur Realisierung verhelfen. Diesen weiteren Aspekt nennt Burkart die spezielle Intention: „Dieses Ziel wird dann erreicht, wenn das konkrete Interesse des jeweils kommunikativ Handelnden tatsächlich realisiert werden kann, anders: wenn die konkret erwarteten Folgen tatsächlich eintreten." (Burkart 2002: 27)

1.1 Formen der Interpersonellen Kommunikation

Die folgenden drei Kapitel beschäftigen sich mit den Formen der Interpersonellen Kommunikation. Dabei wird deutlich, welche Ausprägungen die Interpersonelle Kommunikation annehmen kann.

Grundlegend wird mit Interpersoneller Kommunikation meist die Interaktion zwischen zwei oder mehreren Menschen in einer realen Situation verbunden. Doch besonders in den letzten beiden Jahrzehnten, ist durch die technisch vermittelte Kommunikation ein zusätzlicher Faktor hinzugekommen, der diese Auffassung als nicht mehr ausreichend erscheinen lässt. Besonders Unternehmen bedienen sich dieser technisch vermittelten Kommunikation und verkaufen sie oft als „Dialog mit den Kunden". Das wirft die Frage auf, ob diese Form tatsächlich als Interpersonelle Kommunikation betrachtet werden kann. Die folgenden Kapitel sollen u. a. eine Antwort auf genau diese Frage bereitstellen.

1.1.1 Verbale Kommunikation

Als Basis für die verbale Kommunikation gilt die Sprache, die allgemein als ein Zeichensystem verstanden wird. Kunczik und Zipfel (2005: 30) bezeichnen die Sprache als „das wichtigste und differenzierteste Symbolsystem". Dadurch wird menschliche Kommunikation erst möglich. Entscheidend ist dabei das Wesen, dass jedem Zeichen zugrunde liegt: „Das Wesen des *Zeichens* liegt darin, dass es für etwas steht, etwas symbolisiert, d.h. Zeichen beruhen auf einer zur Konvention gewordenen Verbindung von Form (z.B. Laut, Ausdruck, Schrift) und Inhalt." (Kunczik/Zipfel 2005: 30, Hervorheb. i. O.) Ein Zeichen besteht somit zum einen aus einem Signal und zum anderen, aus einer Information, welche an das Signal geknüpft ist. Mit Hilfe der Signale erfolgt der Informationstransport zwischen dem Sender und dem Empfänger (vgl. Kunczik/Zipfel 2005: 30).

Beck (2010: 40) beschreibt die Sprache als abstrakte und doch enorm leistungsfähige Möglichkeit der Verständigung. Die Sprache lässt Kommunikation über konkrete Objekte zu, aber auch über Nicht-Existentes, Abwesendes und sogar über Gefühle, Ideen und Vorstellungen. Dass uns ein solches Sprachsystem zur Verfügung steht, unterscheidet uns von den Tieren:

> Sprache versetzt uns in die Lage, Begriffe zu bilden und neue sowie individuelle Erfahrungen in das soziale System der Begriffe einzuordnen. Sie bietet damit die Möglichkeit der Transzendenz, des Überschreitens der Zeit wie des Individuums bzw. Subjekts. (Beck 2010: 40)

Innerhalb einer Kommunikation entsteht ein Prozess, in dem die Signale wechselseitig nach bestehenden Verknüpfungsvorschriften „übersetzt" werden: „Das Umsetzen von Absichten, Gedanken usw. in den Code einer Sprache, um dadurch etwas mitzuteilen, wird als ‚codieren' bzw. als ‚encodieren', der Prozess der Rückübersetzung als ‚decodieren' bezeichnet." (Kunczik/Zipfel 2005: 30) Um mit seinem Kommunikationspartner eine Verständigung erzielen zu können, muss ein gemeinsamer Code existieren. Dass bedeutet, dass die Zeichen und Wörter in gleicher Weise verwendet bzw. interpretiert werden. Kunczik und Zipfel unterscheiden dabei drei entscheidende Dimensionen:

> 1. „Die *syntaktische* Dimension (Beziehung der Zeichen untereinander, Grammatik);
> 2. die *semantische* Dimension (Bedeutung von Zeichen und Zeichenfolgen, d.h. die Beziehung zwischen Zeichen und Gegenstand, über den kommuniziert wird);
> 3. die *pragmatische* Dimension (Verwendung der Zeichen, Beziehung zwischen Zeichen und dem Benutzer bzw. Interpreten der Zeichen)." (Kunczik/Zipfel 2005: 31, Hervorheb. i. O.)

Die Autoren heben hervor, dass fehlerfreie Verständigung zwischen den Kommunikationspartnern nur möglich ist, wenn in Bezug auf Syntax, Semantik und Pragmatik eine Übereinstimmung besteht (vgl. Kunczik/Zipfel 2005: 31). Beck (2010: 54) geht sogar davon aus, dass eine gelingende Kommunikation ein unwahrscheinlicher Prozess ist, bei dem viele Voraussetzungen gegeben sein müssen. Er fügt jedoch hinzu, dass eine parallele Konstruktion von Realität möglich sei, die auf unser gemeinsames biologisches Erbe und eine gemeinsame Kultur - besonders auf die Sprachkultur - basiert. Unter dem biologischen Erbe versteht der Autor ähnlich strukturierte kognitive Systeme: „Kommunikanten bilden bei der Interpersonellen

Kommunikation ‚synreferentielle Bereiche' aus und können sich auf diese Weise über eine sozial konstruierte Wirklichkeit verständigen." (Beck 2010: 54) Auf Basis dieser Betrachtung, kommt der Autor zu folgendem Schluss:

> Menschliche Kommunikation ist also weder ein Reiz-Reaktions-Prozess, noch eine Informationsübertragung, sondern die wechselseitige, absichtsvolle (intentionale) Verständigung über Sinn mithilfe symbolischer Zeichen, an der mindestens zwei Menschen mit ihrer artspezifischen kognitiven Autonomie, aber auch in ihrer sozialen und kulturellen Bedingtheit beteiligt sind. (Beck 2010: 54)

Burkart (2002: 104) verweist auf eine weitere Besonderheit, die vor allem für die Verständigung wichtig ist: die „Selbstreflexivität" der Sprache. Damit ist gemeint, dass es möglich ist, mit Sprache über Sprache zu sprechen. Dabei wird eine sprachliche Aussage selbst zum Gegenstand einer weiteren Aussage. Im diesem Zusammenhang nennt Burkhart die Begriffe „Objektsprache" und „Metasprache". Sätze, mit einer inhaltlichen Aussage, über ein Verhältnis oder einen Gegenstand, werden der Objektsprache zugeordnet. Dagegen machen metasprachliche Sätze, die objektsprachlichen Sätze zum Thema: „Metasprachliche Sätze beziehen sich in ihrer Aussage also auf die Sprache selbst." (Burkart 2002: 104) Die Fähigkeit der Sprache wird zu einem besonders relevanten Aspekt, wenn die kommunikative Interaktion zwischen Menschen nicht erfolgreich abläuft:

> Gerade dann, wenn Verständigung ausbleibt, d. h., wenn ein Missverständnis als Konsequenz kommunikativen Handelns diagnostiziert werden muss, erwächst aus der Fähigkeit des Menschen, über seine Sprache und sein Sprechen sprechen zu können, die Möglichkeit, ‚*Metakommunikation*' in Gang zu bringen. (Burkart 2002: 105, Hervorheb. i. O.)

Als Metakommunikation bezeichnet Burkart (2002: 205) Kommunikation „über bereits stattgefundene oder soeben stattfindende Kommunikation". Dabei kann sich die Metakommunikation auf die Inhalts- oder Beziehungsebene beziehen. Metakommunikation ist auch die Grundlage für das Feedback, das im nächsten Hauptkapitel (Kapitel 1.2) genauer thematisiert wird.

Welche wichtigen Funktionen die nonverbale Kommunikation im Zuge der menschlichen Kommunikation einnimmt und wie sie sich von der verbalen Kommunikation unterscheidet, wird im folgenden Kapitel dargestellt.

1.1.2 Nonverbale Kommunikation

„Interpersonale Kommunikation ist ein Prozess, der gleichzeitig über verschiedene Kanäle erfolgt." (Kunczik/Zipfel 2005: 37) Selbst wenn diese Definition nur auf Interpersonelle Kommunikation in Form von Face-to-Face-Kommunikation zutrifft, beinhaltet sie einen ganz wesentlichen Aspekt. Denn im zwischenmenschlichen Gespräch werden nicht nur verschiedene Kanäle verwendet, ihnen kommen in der Interaktion auch ganz bestimmte Bedeutungen zu. Grundsätzlich unterscheiden Kunczik und Zipfel in Anlehnung an Scherer (1974: 68) die Kommunikationskanäle anhand der Sinne, mit denen die Informationen vom Empfänger aufgenommen werden:

1. „den *auditiven* oder *vokalen* Kanal (neben der gesprochenen Sprache auch nonverbale Elemente wie paralinguistische Kommunikation, worunter alles das in einer Sprache verstanden wird, was nicht durch die Grammatik determiniert ist, d.h. zwar vokal, aber nicht verbal geäußert wird wie z.B. Räuspern, Lautstärke, Tempo, Intonation usw.);
2. den *visuellen* Kanal (Gesichtsausdruck (Mimik), Körperbewegung (Gestik), Habitus, interpersonale Distanz bzw. Ausnutzung des Raumes);
3. den *taktilen* Kanal (z.B. Körperberührung, Streicheln);
4. den *olfaktorischen* Kanal (Riechen von Körpergeruch);
5. den *thermalen* Kanal (Spüren von Körperwärme);
6. den *gustatorischen* Kanal (Geschmacksempfindung)." (Kunczik/Zipfel 2005: 37f., Hervorheb. i. O.)

Die Nonverbale Kommunikation umfasst - wie die Aufzählung veranschaulicht - viele verschiedene Ausdrucksformen, die schließlich über verschiedene Sinne wahrgenommen werden. Beck (2010: 41) definiert nonverbale Signale anhand einer ähnlichen und sehr anschaulichen Aufzählung, die sich jedoch nicht an den Sinnen orientiert:

> Unter nonverbalen Signalen sind alle Zeichen zu verstehen, die nicht unmittelbar mit dem Sprechen selbst verbunden sind, dieses aber begleiten können: Gesichtsausdruck (Mimik), Bewegungen vor allem der Hände und Arme (Gestik), aber auch die Körperhaltung und die Stellung im Raum sowie zum Kommunikationspartner (Proxemik) und das Blickverhalten, das eine große Rolle bei der Kontaktaufnahme und beim Sprecherwechsel spielt. (Beck 2010: 41)

Darüber hinaus zählt Beck (2010: 42) auch Erscheinungsmerkmale einer Person zu den nonverbalen Signalen, die sich vor allem durch Kleidung, Frisur und Schmuck ausdrückt. Nicht leibgebundene, aber ebenfalls in Verbindung mit einer Person wahrnehmbare Objekte, wie z. B. ein Auto oder die Wohnungseinrichtung, fallen für den Autor ebenfalls in die Kategorie der nonverbalen Signale. Die paraverbalen Zeichen verbindet Beck unmittelbar mit dem Sprechen. Er sieht sie als Indizien, die zum Ausdruck bringen, welche Eigenschaften oder Stimmungen der Sprecher mit sich bringt:

> Stimmhöhe, -lautstärke, -dynamik, Sprechtempo, Pausen und Verzögerungen können als Hinweise auf die Aufrichtigkeit oder Glaubwürdigkeit, das Engagement eines Redners, aber auch als Signale für die Dringlichkeit oder Relevanz einer Aussage interpretiert werden. (Beck 2010: 42)

Wie weiter oben angeführt, ordnen auch Kunczik und Zipfel den verschiedenen Kanälen, verschiedene Bedeutungen zu. Die Nonverbale Kommunikation gilt z. B. als der zuverlässigere Indikator, was den emotionalen Zustand einer Person betrifft (vgl. Kunczik/Zipfel 2005: 37). Kunczik und Zipfel (2005: 38) vertreten die Annahme, dass die Interpretation nonverbaler Kommunikation auf den eigenen Erfahrungen basiert. So verbinden Menschen mit nonverbalen Signalen bestimmte Absichten oder auch emotionale Zustände, die sie im Prozess einer Interaktion auf andere zurückprojizieren: „Nonverbale Kommunikation ist um so eher fehlerfrei, je mehr gemeinsame Erfahrungen die Kommunikationspartner teilen, d.h. je größer die Übereinstimmung im verwandten Code ist." (Kunczik/Zipfel 2005: 38)

Für Beck erfüllen die nonverbalen Signale eine wichtige Zusatzfunktion zur Sprache: „Paraverbale Zeichen können wie nonverbale eine metakommunikative Funktion erfüllen, wenn sie dem Kommunikanten Hinweise darauf geben, wie die verbalen Äußerungen gemeint und zu interpretieren sind." (Beck 2010: 42) Insgesamt führt der Autor sechs verschiedene Funktionen an, die nonverbale Signale ausüben: „Substitution (in geringem Maße), Redundanz, Ergänzung, Betonung, Koordination (insbesondere Beginn und Ende des Gesprächs sowie des Sprecherwechsels) und Widerspruch." (Beck 2010: 43)

Beck (2010:43) geht davon aus, dass die meisten dieser Signale nicht bewusst gesendet werden können. Deshalb werden nonverbale Signale oft als authentisch und glaubwürdig beschrieben. Darüber hinaus geht der Autor davon aus, dass der

Großteil an Informationen in einer Face-to-Face-Situation über nonverbale Zeichen übertragen wird: „Jedenfalls entbehren Berechnungen, nach denen zwei Drittel oder mehr der Information in einem Gespräch nonverbal kommuniziert werden, einer soliden empirischen Grundlage." (Beck 2010: 43)

Gerade der Aspekt, dass in der Face-to-Face-Kommunikation der größere Teil der Informationen über nonverbale Signale erfolgt, ist in Bezug auf die dritte Form von Interpersoneller Kommunikation besonders relevant. Denn in der technisch vermittelten Kommunikation verfügen die meisten technischen Medien nicht über die Fähigkeit nonverbale Signale mitzusenden. Demnach müsste die technisch vermittelte Kommunikation erhebliche Defizite aufweisen. Ob das tatsächlich der Fall ist und welche anderen Vor- und Nachteile die technisch vermittelte Kommunikation zu Tage legt, wird im folgenden Kapitel erläutert.

1.1.3 Technisch vermittelte Kommunikation

Höflich (1996: 57) definierte technisch vermittelte Interpersonelle Kommunikation als „jene Situationen, in denen ein technisches Medium in den Prozeß der Kommunikation zwischengeschaltet wird." Auch zum heutigen Zeitpunkt gibt es de facto noch keine Ausprägungen technisch vermittelter Kommunikation, die sämtliche Ausdrucksmöglichkeiten der Face-to-Face-Kommunikation zur Verfügung stellen können. Selbst wenn neben der Sprache auch eine visuelle Übertragung des Kommunikationspartners via Video erfolgt - wie etwa in einer Videokonferenz - fehlen wesentliche Merkmale einer Face-to-Face-Kommunikation wie etwa interpersonelle Distanz sowie Signale, die über taktile, olfaktorische oder thermale Kanäle wahrgenommen werden. Beispiele dafür sind - wie weiter oben angeführt - Körperberührungen, das Riechen von Körpergeruch oder das Wahrnehmen von Körperwärme. Höflich spricht diesbezüglich von Kommunikationsdefiziten der technisch vermittelten Kommunikation:

> Bei einer Betrachtung technisch vermittelter interpersonaler Kommunikation wird häufig eine – mehr oder weniger differenzierte – ‚*Restriktionshypothese*' zugrundegelegt, derzufolge jedes Medium die Möglichkeit der interpersonalen Kommunikation einschränkt bzw. technisch präformiert und damit letztlich zu Kommunikationsdefiziten führt. (Höflich 1996: 68, Hervorheb. i. O.)

Beck (2010: 69) ist jedoch der Ansicht, dass in der medialisierten Interpersonellen Kommunikation zwar die Ausdrucksmöglichkeiten reduziert sind, aber nicht die

Chancen auf Verständigung. Den Grund dafür sieht der Autor in den Einschätzungsfähigkeiten jener, welche die Medien benutzen: „Kommunikanten, die sich technischer Medien bedienen, sind in der Lage dies zu reflektieren und auch die Rolle dessen zu übernehmen, der sie nicht sieht, sondern nur hört oder liest, was mitgeteilt wurde." (Beck 2010: 69) Der Autor zieht demnach den Kommunikanten selbst zur Verantwortung. Denn laut Beck ist der Kommunikator dafür zuständig, alles - über die zur Verfügung stehenden Kanäle - zu kommunizieren, was für eine Verständigung wichtig erscheint.

Höflich (1996: 90) bezeichnet eine solche Kommunikationssituation dennoch als defizitär, „emotionale Stimmungslagen lassen sich schwerer vermitteln und gegenseitig kontrollieren." Beck (2010: 69) verweist diesbezüglich auf die wichtige Rolle der Sprache in gesprochener sowie in geschriebener Form, beide „sind so leistungsfähig, dass sie auch an die Stelle von Anzeichen treten können." Als Beispiele dafür können die Smileys genannt werden, die auf sehr reduzierte Art und Weise, Emotionen ausdrücken (z. B. „:)" für lachen oder „;)" für zwinkern). Darüber hinaus ist es natürlich auch möglich, seinem Kommunikationspartner, die eigenen Empfindungen und Gefühle verbal mitzuteilen.

An dieser Stelle sei jedoch festgehalten, dass die Reduzierung von Ausdrucksmöglichkeiten in der technisch vermittelten Kommunikation nie zur Gänze durch die gesprochene oder geschriebene Sprache ausgeglichen werden kann. Es scheint schier unmöglich, die Gesamtheit der eigenen nonverbalen Signale in der technisch vermittelten Kommunikation, über Sprache zu vermitteln. Darüber hinaus passiert in der nonverbalen Kommunikation - wie bereits erwähnt - sehr vieles unbewusst. Der Kommunikator müsste also zuerst seine eigenen nonverbalen Signale wahrnehmen und interpretieren, bevor er sie wiederum - via gesprochener oder geschriebener Sprache - seinem Gegenüber mitteilen kann.

Abgesehen von den soeben diskutierten Einschränkungen bringt die technisch vermittelte Kommunikation viele Vorteile mit sich. Beck (2010: 68) weist darauf hin, dass moderne Gesellschaften, aber auch Partnerschaften und Familienleben kaum vorstellbar wären, würde man sie auf die Face-to-Face-Kommunikation reduzieren: „Die Medien interpersonaler Kommunikation erweitern die Reichweite von Kommunikation und die Erreichbarkeit ganz erheblich; nur so sind komplexe soziale Gebilde jenseits von Sippen und Stämmen denkbar." (Beck 2010: 68) Dennoch schließt auch Beck eine Verdrängung der Face-to-Face-Kommunikation durch die technisch vermittelte weitgehend aus:

> Technisch vermittelte oder medialisierte Kommunikation kann vor allem als eine die Face-to-Face-Kommunikation unterstützende und ergänzende Kommunikation betrachtet werden (Komplementärfunktion), während es kaum empirische Belege für eine weitgehende Verdrängung der direkten Kommunikation (Substitutionsthese) gibt. (Beck 2010: 75)

Laut Beck (2010: 71) haben sich unsere sozialen Netze durch die technisch vermittelte Kommunikation sogar erheblich erweitert. Das heißt, der Kreis an Menschen, mit denen wir regelmäßig in Kommunikation stehen, hat sich vergrößert. Der Autor geht sogar davon aus, dass sich selbst die Beziehungen dadurch vertieft haben: „Wir kommunizieren öfter mit bestimmten Kommunikationspartnern, weil wir zwischen den direkten Gesprächen via Telefon, Brief oder E-Mail in kommunikativen Kontakt bleiben können." (Beck 2010: 71)

Beck (2010: 71f.) weist auf die zunehmende Zahl an verschiedenen Medien hin, die in technisierten Gesellschaften zur Verfügung stehen. Dadurch ist bereits die Wahl des Kommunikationsmodus entscheidend und der erste Schritt unseres kommunikativen Handelns:

> Wir entscheiden in Abhängigkeit von der Situation, dem Kommunikationspartner, dem Anlass bzw. Ziel unseres kommunikativen Handelns und von den geltenden sozialen sowie kulturellen Regeln, welchen Modus der Kommunikation wir wählen (Medienwahl). (Beck 2010: 71f.)

Auch Höflich verweist auf das Medium als äußerst wichtigen Aspekt in der technisch vermittelten Interpersonellen Kommunikation. Der Autor hält diesbezüglich fest:

1. „Medien sind Artefakte – Produkte – die sozial angeeignet werden und symbolischen Wert haben.
2. Medien werden in den Prozeß der interpersonellen Kommunikation zwischengeschaltet und erfordern eigene, von der Face-to-Face Kommunikation abweichende prozedurale Regeln in Form einer Medienetikette.
3. Medien transportieren Inhalte, die mit einem sozial normierten, standardisierten Gebrauch verbunden sind und in einem metakommunikativen Sinn

die Interpretation der medial vermittelten Inhalte beeinflussen." (Höflich 1996: 299)

Die vorgenommenen theoretischen Ausführungen bilden die Basis für die nun folgenden, sehr praxisorientierten Kapitel. Nach den verschiedenen Formen der Interpersonellen Kommunikation, stehen im folgenden Abschnitt die Erfolgsfaktoren für gelungene Interpersonelle Kommunikation im Fokus.

1.2 Erfolgsfaktoren für gelungene Interpersonelle Kommunikation

Ein Ziel dieses Buches ist es, ein Seminardesign zu erstellen, das PR-Ausübenden ganz konkrete Werkzeuge aus dem Bereich der Interpersonellen Kommunikation in die Hand gibt, die sie in der PR-Praxis einsetzen können. Das Seminar soll auch vermitteln, wie PR-Tätige Situationen und Beziehungen analysieren und Konflikte vermeiden bzw. lösen können. Die bisherigen Ausführungen setzten sich mit den Formen der Interpersonellen Kommunikation auseinander sowie mit deren Besonderheiten und Herausforderungen. Die weiteren Kapitel beinhalten neben einem theoretischen Input bereits konkrete Handlungsoptionen und Maßnahmen für den Einsatz im alltäglichen (PR-)Leben.

1.2.1 Phasen des Zuhörens

Das Zuhören ist für eine erfolgreiche Verständigung - im Zuge der Interpersonellen Kommunikation - von ebenso großer Bedeutung wie das Mitteilen einer Nachricht. DeVito (2000: 57) unterteilt den Prozess des Zuhörens in fünf Phasen, die nun näher vorgestellt werden.

Der Autor (DeVito 2000: 57) versteht den Prozess des Zuhörens als einen zirkulären, der sich im Laufe einer Interaktion zwischen Personen permanent wiederholt. DeVito definiert die fünf Schritte des Zuhörens folgendermaßen: „receiving, understanding, remembering, evaluating, and responding." (DeVito 2000: 57) Dabei hebt der Autor hervor, dass das Zuhören kein Prozess ist, bei dem der Gedanke des Senders eins zu eins in den Kopf des Empfängers transferiert wird. Es geht viel mehr um einen Prozess, bei dem Sender und Empfänger zusammenarbeiten, um wechselseitige Verständigung zu erzielen (vgl. DeVito 2000: 57).

Empfangen (Receiving)
DeVito hebt deutlich den Unterschied zwischen hearing (hören) und listening (zuhören) hervor. Als hearing (hören) versteht der Autor das bloße Wahrnehmen eines Stimulus. Zuhören beginnt zwar auch mit dem Empfangen eines Reizes, endet hier jedoch nicht. Der Autor empfiehlt in dieser Phase, sich auf die verbalen und nonverbalen Signale des Gegenübers zu konzentrieren. Es gilt, dem tatsächlich Ausgesprochenen Aufmerksamkeit zu schenken, aber auch auf versteckte Mitteilungen zu achten (vgl. DeVito 2000: 58).

Verstehen (Understanding)
Bei diesem Schritt erfährt der Empfänger, was der Sender mit seiner Nachricht tatsächlich ausdrücken möchte. Dabei müssen explizit geäußerte Gedanken ebenso beachtet werden wie Emotionen, welche die Gedanken begleiten. Laut DeVito hilft es in dieser Phase, neue Informationen mit bereits vorhandenen Informationen in Verbindung zu setzen. Darüber hinaus ist es empfehlenswert, sich in den Gesprächspartner hinein zu versetzen und seine Mitteilungen erst zu bewerten, wenn diese vollständig verstanden wurden (vgl. DeVito 2000: 58f.).

Erinnern (Remembering)
Empfangene und verstandene Mitteilungen müssen zumindest für eine bestimmte Zeit gespeichert werden. Während es in kleinen Gruppen oder während Vorträgen durchaus üblich ist, sich Notizen zu machen, ist dies in der Interpersonellen Kommunikation eher unangebracht. DeVito empfiehlt den Versuch, die zentralen Ideen einer Mitteilung zu erfassen sowie innerlich die wichtigsten Inhalte zu wiederholen (vgl. DeVito 2000: 59f.).

Auswerten (Evaluating)
In dieser Phase wird die Mitteilung in gewisser Weise bewertet. Dabei wird z. B. versucht, jene Aspekte zu erahnen, die nur zwischen den Zeilen vermittelt worden sind. Dazu zählt auch die Intention des Gegenübers. DeVito warnt davor Bewertungen vorzunehmen, bevor das Gesagte überhaupt vollständig verstanden wurde (vgl. DeVito 2000: 60f.).

Antworten (Responding)

DeVito unterscheidet zwei verschiedene Phasen des Antwortens. Zum einen zählt er Antworten und Reaktionen dazu, die gemacht werden, während der Gesprächspartner spricht. Diese dienen lediglich dazu, dem Sprecher zu signalisieren, dass man zuhört. Zum anderen gehören Reaktionen dazu, die erst passieren, nachdem der Gesprächspartner aufgehört hat zu sprechen. Der Autor definiert diese Reaktionen als Feedback: „Information that you send back to the speaker and which tells the speaker how you feel and think about his or her messages." (DeVito 2000: 62) DeVito empfiehlt dabei, Ich-Botschaften zu verwenden und ehrlich zu sein, auch wenn die Mitteilung des Senders Ärger oder Widerspruch auslöst (vgl. DeVito 2000: 62f.).

Die fünf Phasen des Zuhörens nach DeVito machen besonders deutlich, dass zwischen dem Empfangen einer Nachricht und der Reaktion auf diese, ein komplexer mehrstufiger Prozess abläuft. Darüber hinaus gibt das Konzept Aufschluss darüber, welche Störfaktoren in den einzelnen Phasen auftreten und wie diese vermieden werden können.

In der letzten Phase des Zuhörens spielt der Begriff Feedback, erstmals in diesem Buch, eine wesentliche Rolle. Doch Feedback - wie es im vorliegenden Buch verstanden wird - ist jedoch noch wesentlich mehr. Feedback macht Verständigung in der Interpersonellen Kommunikation erst möglich. Deshalb erfolgt eine genauere Darstellung zum Thema Feedback im folgenden Kapitel.

1.2.2 Feedback

Im Zuge dieses Kapitels wird deutlich, dass der Begriff Feedback auf verschiedene Art und Weise definiert und verstanden werden kann. Alle vorgestellten Verständnisvarianten haben jedoch gemeinsam, dass sie ein entscheidender Faktor für eine gelungene Interpersonelle Kommunikation sind. Denn, um es in den Worten von Schulz von Thun wiederzugeben: „Als Sender tappen wir ziemlich im dunkeln, wie das, was wir von uns geben, ankommt, und was wir beim Empfänger ‚anrichten'" (Schulz von Thun 2010: 69) Schulz von Thun (2010: 69) vergleicht Nachrichten recht illustrativ mit jener Pilzsorte, die genießbar oder giftig ist, je nach dem ob sie gekocht oder roh genossen wird. „Und als Sender wissen wir nie: Hat der Empfänger gekocht oder roh gegessen?" (Schulz von Thun 2010: 69)

Schulz von Thun (2010: 72) unterscheidet drei verschiedene Vorgänge im Zuge des Empfangens. Darauf basiert wiederum die innere Reaktion des Empfängers. Die drei Empfangsvorgänge sind:

- **Wahrnehmen:** In dieser Phase wird schlicht und einfach etwas gesehen oder gehört.
- **Interpretieren:** Dabei wird das Wahrgenommene mit einer Bedeutung versehen. Die Interpretation kann dabei zutreffen oder aber auch nicht.
- **Fühlen:** In der letzten Phase entsteht ein Gefühl auf das Wahrgenommene und Interpretierte. Die seelische „Bodenbeschaffenheit" des Empfängers ist ausschlaggeben darüber, was für ein Gefühl ausgelöst wird. (vgl. Schulz von Thun 2010: 72)

Schulz von Thun (2010: 72) weist darauf hin, dass die Interpretation des Wahrgenommenen die Möglichkeit schafft, den Kern der Nachricht zu verstehen. Sie soll daher auf keinen Fall vermieden werden, was ohnehin nicht möglich wäre. Entscheidend ist, dass sich der Empfänger darüber bewusst ist, dass seine Interpretation richtig oder falsch sein kann: „Warum ist es so wichtig, diese inneren Vorgänge zu sortieren? Damit der Empfänger sich darüber klar ist, daß seine Reaktion immer *seine* Reaktion ist - mit starken eigenen Anteilen." (Schulz von Thun 2010: 73, Hervorheb. i. O.) Der Autor bietet eine einfache Übung an, mit deren Hilfe man sich seines „inneren Dreischritts" bewusst wird. Wenn z. B. der Empfänger die Stirn runzelt, nachdem man ihm etwas berichtet hat, so kann man die drei Empfangsschritte innerlich wie folgt durchspielen (vgl. Schulz von Thun 2010: 74):

> Ich sehe, wie mein Gesprächspartner die Stirn runzelst -
> ⬇
> ich vermute, dass es ihm/ihr nicht passt, was ich vorhabe - und
> ⬇
> ich bin enttäuscht, weil ich Unterstützung von ihm/ihr erhofft hatte.

Diese Übung fällt somit in den Bereich der intrapersonellen Kommunikation. Die innere Klarheit zu erlangen ist eine wichtige Voraussetzung für die Interpersonelle Kommunikation (vgl. Schulz von Thun 2010: 74).

Burkart (2002: 69) verdeutlicht ebenfalls die Funktion von Feedback, indem er den Nutzen für den Kommunikator hervorhebt. Dieser erhält durch das Feedback nämlich Hinweise auf die „Verstehensleistung" des Empfängers oder anderes ausgedrückt, Hinweise auf die „Qualität des Rezipierens":

> Das Feedback gibt Auskunft über den Erfolg des kommunikativen Handelns des Kommunikators und damit über den Grad der erreichten Verständigung zwischen den Kommunikationspartnern. Der diesbezüglich diagnostizierte Erfolg oder Misserfolg beeinflußt bzw. korrigiert dann das neuerliche kommunikative Handeln des Kommunikators (=dessen ‚Mitteilungsleistung') ... usf. (Burkart 2002: 69)

Burkart hebt somit auch den wechselseitigen Charakter der Face-to-Face-Kommunikation hervor, in der Kommunikator und Rezipient die Rollen tauschen und somit auch die Verstehens-Handlung und die Mitteilungs-Handlung wechseln. Für den Autor erfüllt dieser Umstand bereits die Feedback-Funktion: „Im vorliegenden Zusammenhang ist an dieser Tatsache aber v.a. der Umstand von Bedeutung, dass dieser Rollenwechsel im Zuge eines zwischenmenschlichen Gesprächs zugleich auch die Funktion des Feedbacks erfüllt." (Burkart 2002: 71) Dieser Ansicht nach würde Feedback in der zwischenmenschlichen Interaktion, permanent und unbewusst passieren.

Schulz von Thun (2010: 79) sieht im Feedback viel mehr einen Vorgang, bei dem eine Person seinem Gegenüber mitteilt, was die Nachricht ausgelöst hat. Der Autor sieht im Feedback eine Möglichkeit die Kommunikation zu verbessern. Wichtig dabei ist jedoch, dass das Feedback einen hohen Selbstoffenbarungsanteil aufweist und somit in Form einer „Ich-Botschaft" erfolgt: „Durch die Ich-Botschaft gibt man etwas von dem eigenen Innenleben preis. Die Ich-Botschaft steht im Gegensatz zur ‚Du-Botschaft', bei der eine Aussage über den anderen gemacht wird." (Schulz von Thun 2010: 79) Die Ich-Botschaft stellt - im Gegensatz zur Du-Botschaft - einfach nur fest, was Tatsache ist und vermittelt diese Realität dem Gesprächspartner.

Diese Auffassung von Schulz von Thun kommt jenem Verständnis von Feedback schon sehr nahe, das zuletzt vorgestellt werden soll. Der Begriff Feedback steht nämlich auch für eine konkrete kommunikative Handlung, die bewusst vom Kommunikator durchgeführt wird und den Charakter einer Metakommunikation aufweist. Der Unterhaltungsgegenstand kann hierbei jedoch noch wesentlich komplexer sein, als die soeben wahrgenommene und interpretierte Nachricht des Gesprächspartners. Feedback kann z. B. auch vermitteln, wie eine Person, das Verhalten einer anderen Person, innerhalb eines ganzen Gesprächs oder während eines Seminars wahrgenommen hat. Diese Art von Feedback behandelt also nicht nur den Inhalt eines Gesprächs, sondern bietet dem Feedback-Nehmer auch die Gelegenheit sich mit dem erhaltenen Fremdbild genauer auseinanderzusetzen.

Einen sehr guten Eindruck darüber wie ein Feedback in dieser Form aussehen kann und welche Punkte der Feedback-Geber aber auch der Feedback-Empfänger beachten sollte, bietet ein Paper, das von der Organisation- und Unternehmensberatung KOMUNARIKO erstellt wurde und im Zuge des Universitätslehrgangs für Interpersonelle Kommunikation an der Universität Salzburg Verwendung findet. Das vollständige Paper befindet sich im Anhang (Theorieinputs). Die relevantesten Punkte werden nun in zusammengefasster Form wiedergegeben:

Richtlinien Feedback Geben

- **Beschreibende Form:** Das Verhalten des Gegenübers soll möglichst ausführlich und konkret beschrieben werden.
- **Mitteilung der eigener Reaktion:** Es ist wichtig Beobachtungen als Beobachtungen, Vermutungen als Vermutungen und Gefühle als Gefühle mitzuteilen.
- **Kein Zwang zur Änderung:** Der Wunsch nach einer Veränderung des Gegenübers, sollte auch als Wunsch formuliert werden. Es liegt jedoch alleine am Gegenüber, ob dieser eine Verhaltungsänderung aufgrund des Feedbacks durchführt.
- **Angemessenheit des Feedbacks:** Das Feedback soll sich auf ein begrenztes und konkretes Verhalten beziehen und dabei die Bedürfnisse aller Beteiligten berücksichtigen. (vgl. Komunariko 2010: 1)

Richtlinien Feedback Empfangen

- **Worüber soll Feedback erfolgen:** Das Feedback ist am wirkungsvollsten, wenn der Feedback-Geber auf konkrete Fragen antwortet.
- **Das Gehörte überprüfen:** Die Inhalte des Feedbacks sollten in umschriebener Form wiederholt werden. So kann sichergestellt werden, dass das verstanden wurde, was gemeint war.
- **Reaktion auf Feedback mitteilen:** Es soll auch geklärt werden, ob das Feedback nützlich und hilfreich war. Dazu sollte dem Feedback-Geber die Gefühlsreaktion auf das Feedback mitgeteilt werden.
- **Nicht verteidigen:** In manchen Fällen empfiehlt es sich, länger über die Bedeutung eines Feedbacks nachzudenken, bevor man reagiert. Das trifft besonders auf jenes Feedback zu, das eine gefühlsmäßige Betroffenheit nach sich zieht. (vgl. Komunariko 2010: 2)

Das zuletzt vorgestellte Verständnis von Feedback geht doch weit über den bloßen Rollentausch zwischen Sender und Empfänger hinaus, wie Burkart es darstellte. Die Auffassung von Feedback, nach dem Vorbild des Komunariko Papers, wird für dieses Buch übernommen. Wenn also im Zuge der restlichen Kapitel der Begriff Feedback verwendet wird, dann ist die bewusste und offen benannte Rückmeldung einer Person auf das Verhalten einer anderen Person gemeint. Diese Art von Feedback kann demnach auch dazu beitragen, Konflikte auf der Beziehungsebene zu klären. Welche weiteren Faktoren förderlich für eine gelungene Interpersonelle Kommunikation sind, wird das folgende Kapitel darstellen. Die darin behandelte kommunikative Kompetenz umfasst nämlich gleich mehrere Fähigkeiten, die einen entscheidenden Beitrag zur zwischenmenschlichen Verständigung leisten können.

1.2.3 Kommunikative Kompetenz

Der Begriff kommunikative Kompetenz vereint sehr viele Fähigkeiten, die auch im Zuge des Buches eine besondere Rolle spielen. Aufgrund der breiten Palette an Kompetenzen, welche dieser Begriff beinhalten kann, wundert es wenig, dass zahlreiche Definitionsmöglichkeiten in der Literatur zu finden sind. Nach Hartdegen geht es dabei meist um das Verstehen sowie Gestalten von kommunikativen Situationen. Der Autor definiert auf dieser Basis kommunikative Kompetenz wie folgt:

Kommunikative Kompetenz beschreibt die Fähigkeit und Bereitschaft, Sachverhalte und Befindlichkeiten über verbale, formale und nonverbale Mittel auszutauschen. Hierzu gehört es, eigene Intentionen und Bedürfnisse sowie die der Partner wahrzunehmen, zu verstehen und darzustellen. (Hartdegen 2005: 5)

Diese Definition umfasst in wenigen Sätzen bereits sehr viele Aspekte. Auch jene, die in den vergangenen Kapiteln behandelt wurden. Beispielsweise finden sich Grundzüge des fünf Phasen Modells des Zuhörens nach DeVito (2000: 58-62) darin wieder. Dass der Begriff kommunikative Kompetenz sehr weitreichend ist und bei dessen Definition auch viele Aspekte bis ins Detail dargestellt werden können, zeigt folgende Definition:

> Kommunikative Kompetenz ist die Fähigkeit, die Kommunikation als kreatives und reflektiertes Sprachhandeln im Sinne von *sich selbst verständlich machen* und *andere verstehen*, realisiert und die auf Empathie, der Fähigkeit Perspektiven anderer einzunehmen, aufbaut. Mit dem kreativen Anwenden und dem kreativen Verstehen, dem angemessenen Interpretieren der Äußerungen anderer, sind das kontinuierliche Erweitern der Sprache und der verantwortungsvolle und weitsichtige Umgang mit Sprache verbunden. Das Wissen vom System der Sprache, von Grammatik, Lexik und Stilistik, ist Folge und Voraussetzung kompetenten Sprachhandelns zugleich. Das Sprachsystemwissen bezieht vor allem drauf, wie sprachliche Form mit Intention und Funktion zusammenhängt. (Werlen/Weskamp 2007: 15, Hervorheb. i. O.)

Werlen und Weskamp greifen auf der einen Seite zwar noch weitere Gebiete in ihrer Definition auf, grundlegend ist die Hauptaussage aber nahezu identisch mit jener von Hartdegen. Der für dieses Buch wichtigste Aspekt an der kommunikativen Kompetenz ist, dass sie weit über die Fähigkeit einer guten Rhetorik hinausgeht. Besonders die Fähigkeiten, die eigenen Bedürfnisse zu erkennen und Empathie gegenüber dem Gesprächspartner zu beweisen, sind ganz wesentliche und essentielle. Diese emotionalen und sozialen Fähigkeiten streicht auch LeMar deutlich hervor:

> Kommunizieren erfordert nicht nur Fähigkeiten auf intellektueller Ebene, wie z.B. die Fähigkeit, Gedankengänge logisch darzustellen oder gezielt Fragen zu stellen, sondern auch emotionale Fähigkeiten. Dazu gehört die Kompetenz sich einzufühlen, aufmerksam zu sein und Verständnis zu zeigen sowie innere Überzeugung und Glaubwürdigkeit. (LeMar 2001: 138)

Der Autor stellt in Bezug zur kommunikativen Kompetenz auch ganz konkrete Handlungsoptionen zur Verfügung, welche er mit dieser Fähigkeit verbindet. Diese lassen sich sofort ins tägliche Handeln übernehmen. Es sei jedoch erwähnt, dass diese Darstellung - im Vergleich zu den vorgestellten Definitionen - eher einen Ratgeber-Stil aufweist, wenn auch einen durchaus wissenschaftlich fundierten. Die einzelnen Aspekte von kommunikativer Kompetenz nach LeMar (2001: 138) umfassen:

- Metakommunikation
- Verantwortungsübernahme
- Gefühle thematisieren
- Ich-Botschaften senden
- bewußt Vereinbarungen treffen und einhalten
- Wahrnehmen und Ernstnehmen des Anderen

LeMar weist darüber hinaus noch auf einen wichtigen Gesichtspunkt in Bezug auf die emotionalen Fähigkeiten hin, welche die kommunikative Kompetenz umfasst. Nämlich, dass die unterschiedlichen Fähigkeiten auch unterschiedlich zu erlangen bzw. zu erlernen sind: „Zwar lassen sich spezielle Aspekte der kommunikativen Kompetenz trainieren, z.b. Feedback geben, das Gehörte mit eigenen Worten wiedergeben, aktives Zuhören und anderes, die emotionale Beteiligung ist jedoch unverzichtbar." (LeMar 2001: 138) Die Techniken der kommunikativen Kompetenz einzusetzen, ohne ein entsprechendes Einfühlungsvermögen an den Tag zu legen, resultiert laut LeMar in leeren Worthülsen.

In Bezug auf die Public Relations bedeutet das, dass es der falsche Ansatz wäre kommunikative Kompetenz gezielt zu trainieren, nur um übergeordnete Unternehmensziele durchzusetzen: „Eine konstruktive Lösung ist, kommunikative Kompetenz zu erwerben, damit die Verständigung besser gelingt." (LeMar 2001: 138) Diese Auffassung wird auch im Zuge dieses Buches geteilt und fließt in die Gestaltung des Seminars mit ein.

Die Notwendigkeit einer kommunikativen Kompetenz in allen Bereichen des menschlichen Zusammenlebens steht außer Frage. Gerade aber auch Menschen, die im Bereich Public Relations arbeiten, sollten diese Fähigkeit mitbringen. Trotz dieser Bedeutung verzeichnen Autoren wie LeMar, dass sich die technische Kompetenz in den letzten Jahrzehnten im Vergleich zur kommunikativen Kompetenz deutlich mehr weiterentwickelt hat (vgl. LeMar 2001: 134). Damit in Verbindung gesetzt werden, kann auch die Zunahme der technisch vermittelten Interpersonellen Kommunikation. Anstelle des Face-to-Face-Gesprächs werden oftmals Emails,

SMS oder Möglichkeiten der Onlinekommunikation gewählt. Dass grundsätzlich die Frage gestellt wird, ob kommunikative Kompetenz auch technisch vermittelte Interpersonelle Kommunikation umfasst, beweist der Umstand, dass anstelle von kommunikativer Kompetenz oftmals Gesprächskompetenz in der Literatur Verwendung findet. Diese Begriffs-Diskussion ist jedoch an dieser Stelle nicht weiter relevant.

Auch die Frage, ob die Zunahme der Möglichkeiten an technisch vermittelter Interpersoneller Kommunikation dazu beigetragen hat, dass sich die technische Kompetenz schneller weiterentwickelt hat, als die kommunikative Kompetenz, wird an dieser Stelle zwar gestellt, aber nicht weiter verfolgt. Fakt ist, dass gerade PR-Praktiker in allen Formen der Interpersonellen Kommunikation - egal ob Face-to-Face-Kommunikation oder technisch vermittelte - kommunikative Kompetenz besitzen sollten. Besonders auch deshalb, weil Unternehmen über onlinebasierte Medien vermehrt den Kontakt und den „Dialog" zu ihren Anspruchsgruppen suchen.

1.3 Zusammenfassende Betrachtung

Die Unterscheidung von Interpersoneller Kommunikation in die drei Formen verbale, nonverbale und technisch vermittelte Kommunikation ist nicht nur ein Aspekt, der für die Theorie relevant ist. Denn jede dieser drei Formen weist sehr unterschiedliche Eigenschaften und somit auch Herausforderungen auf, die in der praktischen Anwendung berücksichtigt werden müssen.

Die verbale Kommunikation greift auf das komplexe Zeichensystem der Sprache zurück und macht menschliche Kommunikation erst möglich. Mit verbaler Kommunikation ist es auch möglich, über Nicht-Existentes, Abwesendes oder über Gefühle zu kommunizieren (vgl. Beck 2010: 40). Zu einer Verständigung zwischen Kommunikationspartnern kann es jedoch nur kommen, wenn deren Dimensionen der Sprache (Syntax, Semantik und Pragmatik) übereinstimmen. Ist das nicht der Fall, so kann eine Metakommunikation - also eine Kommunikation über die Kommunikation - dazu betragen, eine Verständigung herzustellen.

Die nonverbale Kommunikation wird über viele verschiedene Kanäle (auditiv, visuell, taktil, olfaktorisch, thermal, gustatorisch) wahrgenommen. Sie umfasst dabei alle nonverbalen Signale, „die nicht unmittelbar mit dem Sprechen selbst verbunden sind". (Beck 2010: 41) In der Literatur werden auch Erscheinungsmerkmale von Personen dazugezählt, wie etwa Kleidung und Schmuck aber auch nicht leibgebundene Objekte, wie ein Auto oder eine Wohnungseinrichtung (vgl. Beck 2010: 42). Auch wenn die nonverbale Kommunikation oft nur unterbewusst wahrgenommen wird, gilt sie als Indikator, für die emotionale Verfassung einer Person und deren Glaubwürdigkeit (vgl. Kunczik/Zipfel 2005: 37). Vor allem auch deshalb, weil die meisten nonverbalen Signale unbewusst gesendet und nicht kontrolliert werden können (vgl. Beck 2010: 43). Der Großteil der Informationen wird über nonverbale Signale gesendet. Dies gilt es im privaten als auch im beruflichen Umfeld stets zu beachten.

Die technisch vermittelte Interpersonelle Kommunikation ist gerade für den Bereich Public Relations interessant. Denn über sie lassen sich - im Optimalfall - die Anspruchsgruppen direkt, aber auch ressourcenschonend erreichen. Moderne Gesellschaften sind kaum mehr vorstellbar, würden sie nur auf der Face-to-Face-Kommunikation beruhen (vgl. Beck 2010: 68). Dabei gilt es jedoch zu beachten, dass die Ausdrucksmöglichkeiten der technisch vermittelten Kommunikation beschränkt sind. Eine Verständigung ist aber trotzdem möglich, wenn sich die Kommunikatoren den Besonderheiten bewusst sind und dementsprechend handeln. Da nonverbale Signale bei den meisten Formen der technisch vermittelten Kommunikation entfallen (Ausnahme: Videokonferenz, etc.), müssen Empfindungen und Gefühle verbal vermittelt werden (vgl. Beck 2010: 69). Gerade auch die Nachteile dieser Kommunikationsform lassen Autoren zu der Annahme kommen, dass die technisch vermittelte Kommunikation nur eine „unterstützende und ergänzende Kommunikation" (Beck 2010: 75) darstellt.

Entscheidend für den PR-Praktiker ist der Umstand, dass bereits die Wahl des Kommunikationskanals der erste kommunikative Schritt ist. Welcher Kanal der richtige ist, ist je nach Situation individuell zu beurteilen. Je nach Wahl müssen in der Praxis jedenfalls - wie eingangs erwähnt - die jeweiligen Besonderheiten beachtet und einkalkuliert werden. Die Basis für eine gelungen Kommunikation sind zahlreiche Faktoren, die es zu beachten gilt und zwar unabhängig vom Kommunikationskanal. Drei Konzepte, welche zu einer gelungen Kommunikation betragen können, wurden näher vorgestellt: Der Prozess des Zuhörens nach DeVito, das Feedback und die kommunikative Kompetenz.

Der Prozess des Zuhörens nach DeVito macht erneut deutlich, dass die Botschaft im Kopf des Empfängers entsteht und nicht in der Kehle des Senders. Diese Tatsache sollte allen bewusst sein, die sich mit Interpersoneller Kommunikation auseinandersetzen. Bevor ein Kommunikator auf eine Nachricht reagiert, durchläuft diese - innerhalb des Empfängers - fünf verschiedene Phasen: „receiving, understanding, remembering, evaluating, and responding." (DeVito 2000: 57) In allen Phasen gilt es spezielle Aspekte zu berücksichtigen. Letztendlich müssen Sender und Empfänger zusammenarbeiten, um wechselseitiges Verständnis zu erzielen (vgl. DeVito 2000: 57). Wichtig für einen gelungenen Verständigungsprozess ist, dass sich der Kommunikator dieser fünf Phasen bewusst ist und die jeweiligen Besonderheiten beachtet.

Das Feedback ist eine weitere Möglichkeit, eine gelungene Interpersonelle Kommunikation zu fördern. Denn ohne jegliches Feedback „tappen wir ziemlich im dunkeln, wie das, was wir von uns geben, ankommt, und was wir beim Empfänger ‚anrichten'" (Schulz von Thun 2010: 69) Dabei wird jedoch schnell klar, dass der Begriff sehr unterschiedlich definiert wird. Burkart beispielsweise weist auf den wechselseitigen Charakter der Face-to-Face-Kommunikation hin. Somit tauschen Kommunikator und Rezipient immer wieder die Rollen. Dieser Rollenwechsel im zwischenmenschlichen Gespräch, erfüllt nach Burkart bereits die Funktion des Feedbacks (vgl. Burkart 2002: 71). Schulz von Thun (2010: 79) definiert das Feedback anders. Für den Autor ist Feedback ein Prozess, bei dem der Empfänger dem Sender mitteilt, was die Nachricht ausgelöst hat. Noch weiter geht die Interpretation wie sie im Rahmen von Kommunikationslehrgängen gelebt wird. Dabei steht Feedback für ein konkretes und explizit benanntes Setting, das bewusst vom Kommunikator inszeniert wird. Dabei weist Feedback deutlich den Charakter von Metakommunikation auf. In dieser Art wird Feedback auch im weiteren Verlauf dieses Buches verstanden.

Die abschließende Thematisierung des Begriffs kommunikative Kompetenz ergänzt die zuvor dargestellten Themenbereiche. Dabei sind sich die präsentierten Definitionsversuche sehr ähnlich und beinhalten teilweise dieselben Aspekte. Zusammenfassend beschreibt diese Kompetenz zum einen die Fähigkeit, sich seiner Bedürfnisse und Intentionen bewusst zu sein sowie sich über Sachthemen und Emotionen ausdrücken zu können. Zum anderen aber auch Fähigkeit seinem Gegenüber Empathie entgegenzubringen und dessen Bedürfnisse und Intentionen wahrzunehmen (vgl. Hartdegen 2005: 5). Somit geht die kommunikative Kompetenz weit über eine gute Selbstpräsentation und Stageperformance hinaus. Sozialkompetenz und Empathie lassen sich ganz einfach nicht so leicht trainieren und erlernen wie rhetorische Fertigkeiten. Die richtige Motivation - laut LeMar - ist es, kommunikative Kompetenz zu erwerben, um zwischen sich selbst und den verschiedenen Kommunikationspartnern, eine bessere Verständigung erzielen zu können (vgl. LeMar 2001: 138).

Zusammengefasst wurden in diesem Hauptkapitel die Besonderheiten und Herausforderungen der Interpersonellen Kommunikation, aus einer praxisorientierten Sicht, dargestellt. Darüber hinaus wurden konkrete Konzepte vorgestellt, aus denen sich wichtige Inputs für die Praxis mitnehmen lassen. Diese Inhalte sollen im Zuge des Public Relations Seminars auf der einen Seite, in Form von theoretischen Inputs vermittelt werden. Zusätzlich fließen diese Erkenntnisse aber auch in Übungen ein, bei denen beispielsweise Feedback geben oder aktives Zuhören trainiert werden soll. Auch einige der Fähigkeiten aus dem Konzept der kommunikativen Kompetenz sollen im Zuge von Übungen und Rollenspielen umgesetzt werden. Dabei könnte beispielsweise eine Video-Auswertung erfolgen mit dem Fokus auf die zuvor präsentieren Fähigkeiten der kommunikativen Kompetenz. Diese theoretische Auseinandersetzung bietet also schon eine gute Basis und sehr viel Umsetzungspotential für das Public Relations Seminar.

2. Kommunikationsspezifische Aspekte von Public Relations

Die folgenden Ausführungen zu Public Relations beinhalten keine theoretischen Grundlagen zu diesem Themenbereich. Ziel dieses Abschnittes ist es viel mehr, Public Relations auf drei unterschiedlichen Ebenen und jeweils sehr spezifisch zu betrachten. Dabei werden drei sehr unterschiedliche Konzepte die Basis für die Auseinandersetzung darstellen. Sie haben gemeinsam, dass in jedem davon die Interpersonelle Kommunikation ein Bestandteil ist, bzw. teilweise sogar eine tragende Rolle spielt.

Im ersten Unterkapitel (2.1 Die Organisation als Kommunikator) wird der Frage nachgegangen, in welcher Form eine Organisation als Kommunikator auftreten kann und wo die Interpersonelle Kommunikation dabei anzusiedeln ist. Danach erfolgt eine Auseinandersetzung auf der Ebene der Unternehmensführung. Dabei wird innerhalb des Kapitels 2.2 (Integrierte Unternehmenskommunikation) das Konzept der Integrierten Unternehmenskommunikation vorgestellt, das die Aufgabe hat, die gesamte interne und externe Kommunikation in einem Unternehmen zu managen sowie deren Einheitlichkeit zu gewährleisten. Im Zuge der Integrierten Unternehmenskommunikation kommen selbstverständlich auch Maßnahmen zum Einsatz, bei denen Interpersonelle Kommunikation eingesetzt wird. Viel mehr noch: Bruhn (2009: 77) beispielsweise führt die Persönliche Kommunikation als eigenständiges Kommunikationsinstrument neben Mediawerbung, Public Relations, Verkaufsförderung, Direct Marketing etc. an. Durch die Eingliederung auf der Ebene der Kommunikationsinstrumente, wird der Interpersonellen Kommunikation ein großer Stellenwert eingeräumt.

Abschließend erfolgt ein Diskurs in die dialogorientierte Unternehmenskommunikation. Dieses Konzept ist weniger als umfassendes Managementtool zu sehen, sondern vielmehr als Grundhaltung von Unternehmen in Bezug auf die Kommunikation und die Beziehungsgestaltung mit den eigenen Stakeholdern.

Zusammengefasst soll dieser Abschnitt Ansätze vorstellen, die von sich aus schon einen starken Bezug zur Interpersonellen Kommunikation haben, bzw. in denen Interpersonelle Kommunikation eine wichtige Rolle spielt. Ziel ist es, diese Ansätze aus einer Perspektive zu betrachten, die stark von der Interpersonellen Kommunikation geprägt ist, um neue Aspekte zu formulieren und relevante Inputs für die Public Relations-Praxis herauszuarbeiten. Des Weiteren stellen diese Ausführungen auch wichtige Inputs für den empirischen Teil dieser Untersuchung zur Verfügung.

2.1 Die Organisation als Kommunikator

Im vorliegenden Kapitel soll die Ebene der Unternehmenskommunikation, welche in diesem Buch behandelt wird, eingeordnet werden. Wenn eine Organisation als Kommunikator bezeichnet wird, was in den folgenden Ausführungen der Fall ist, dann verbirgt sich dahinter der Einsatz von diversen Kommunikationskanälen. Wie die Interpersonelle Kommunikation einzuordnen ist und in welcher Form sie auftritt, soll an dieser Stelle erläutert werden.

Weder (2010: 130) stellt fest, dass eine Organisation in verschiedenen Dimensionen in die Gesellschaft eingebunden ist. Diese Dimensionen erstrecken sich von Informationsaustausch bis zu Kultur. Die Organisation nimmt dabei die Rolle eines Kommunikators ein, der Botschaften aussendet bzw. Mitteilungen produziert, die gezielt an einen oder mehrere Empfänger geschickt werden:

> Eine Organisation gilt dabei als Kommunikator und damit als kommunikativ Handelnder, der etwas mitteilen will und die allgemeine Intention seiner kommunikativen Handlung (nämlich: mit jemanden bzw. mehreren Bedeutungen teilen wollen) zu realisieren versucht, indem er die mitzuteilenden Inhalte durch den symbolischen Gebrauch eines Mediums ‚entäußert', d.h. manifestiert - und damit für (jemanden) andere(n) zugänglich macht. (Weder 2010: 130)

Laut Autorin kann eine Organisation in drei verschiedenen Dimensionen als Kommunikator verstanden werden: rollenbezogenen, funktionsbezogenen und wahrnehmungsbezogenen. Die drei Dimensionen werden von Weder wie folgt erläutert:

- rollenbezogene Dimension: „Mitglieder in ihrer organisationszugehörigen Rolle als nicht autorisierte Kommunikatoren" (Weder 2010: 130)
- funktionsbezogene Dimension: „professionelle und so autorisierte Kommunikatoren" (Weder 2010: 130)
- wahrnehmungsbezogene Dimension: „die Organisation ist durch ihr Verhalten ein Kommunikator, ihr Verhalten wird sozial sicht- und damit wahrnehmbar" (Weder 2010: 131)

Diese Auflistung macht deutlich, dass eine Organisation in verschiedenen Dimensionen als Kommunikator auftreten kann. Dieser Überblick ist auch deshalb relevant, da sich dieses Buch auf eine dieser Dimensionen beschränkt, nämlich auf die funktionsbezogene Dimension. Als Professionelle und autorisierte Kommunikatoren werden im Zuge dieses Buches Pressesprecher, PR-Verantwortliche aber auch CEOs und Manger aus der Führungsebene betrachtet. Durch die Darstellung aller drei Dimensionen, soll dem Leser eine Einordnung der fokussierten Dimension ermöglicht werden.

2.2 Integrierte Unternehmenskommunikation

Der Begriff „Integrierte Unternehmenskommunikation" wurde bereits in den 1970er Jahren formuliert, benötigte aber verhältnismäßig viel Zeit, um auch in den Kommunikationsabteilungen der Unternehmen anzukommen. So prägt dieser Begriff gerade die neuzeitliche Public Relations-Literatur und scheint - um es in der Marketingsprache zu formulieren - ein „must have" für moderne Kommunikationsabteilungen zu sein.

Hinter der Integrierten Kommunikation steckt ein umfassendes Konzept, das im vorliegenden Kapitel in groben Zügen vorgestellt wird. Dies passiert vor allem auf Grund einer Vorüberlegung: Die Integrierte Unternehmenskommunikation beschäftigt sich mit dem geplanten Einsatz aller Kommunikationsinstrumente und somit eben auch mit Maßnahmen, die auf Interpersoneller Kommunikation basieren oder zumindest auf sie zurückgreifen.

Daraus kann interpretiert werden, dass Interpersonelle Kommunikation in diesem Ansatz als eigenständiges Kommunikationsinstrument angesehen wird und nicht als Phänomen, das in der PR-Praxis automatisch „passiert". Diese Sichtweise macht das Konzept für dieses Buch relevant. Mast bietet eine relativ umfassende Definition zur Integrierten Unternehmenskommunikation:

> *Integrierte Unternehmenskommunikation* umfasst das Management der Kommunikationsprozesse eines Unternehmens mit seinen internen und externen Umwelten und zielt darauf ab, bei den Zielgruppen ein inhaltlich, formal und zeitlich einheitliches Erscheinungsbild des Unternehmens zu erzeugen. Durch konsistente, integrierte Kommunikation kann sich ein Unternehmen strategisch positionieren und dies letztlich als Wettbewerbsvorteil im Kommunikationswettbewerb nutzen. (Mast 2010: 45, Hervorheb. i. O.)

In diesem Definitionsversuch werden die wichtigsten Aspekte klar formuliert. Da er aber auch viele Inhalte in wenigen Sätzen komprimiert, werden die - für dieses Buch - wichtigsten Element im Folgenden genauer erläutert. Zunächst folgt jedoch eine zweite Definition von Bruhn:

> **Integrierte Kommunikation** ist ein strategischer und operativer Prozess der Analyse, Planung, Organisation, Durchführung und Kontrolle, der darauf ausgerichtet ist, aus den differenzierten Quellen der internen und externen Kommunikation von Unternehmen eine Einheit herzustellen, um ein für die Zielgruppen der Kommunikation konsistentes Erscheinungsbild des Unternehmens bzw. eines Bezugsobjektes der Kommunikation zu vermitteln. (Bruhn 2009: 22, Hervorheb. i. O.)

Bruhn (2009: 80) führt auch die verschiedenen Formen der Integrierten Kommunikation an und unterscheidet dabei in inhaltliche, formale und zeitliche Integration. Die inhaltliche Integration steht besonders im Focus der Integrierten Kommunikation und ist die Basis für eine langfristig angelegte Unternehmenskommunikation. Bruhn definiert die inhaltliche Integration wie folgt:

> Die **inhaltliche Integration** der Kommunikation umfasst sämtliche Aktivitäten, die die Kommunikationsinstrumente und -mittel thematisch durch Verbindungslinien miteinander abstimmen und damit im Hinblick auf die zentralen Kommunikationsziele ein einheitliches Erscheinungsbild vermitteln. (Bruhn 2009: 80, Hervorheb. i. O.)

Als Verbindungslinien führt der Autor Kernbotschaften, Kernargumente und Schlüsselbilder an, die sich einheitlich durch sämtliche Instrumente und Mittel der Kommunikation ziehen. (vgl. Bruhn 2009: 80). Die formale Integration ist ein weiterer Schwerpunkt der Integrierten Kommunikation. Da eine formale Integration leichter herzustellen ist wie eine inhaltliche, wird diese von Unternehmen stärker realisiert. Basis für die formale Integration sind einheitliche Prinzipien in der Gestaltung, die sich wiederum durch alle Kommunikationsmittel und -instrumente durchziehen (vgl. Bruhn 2009: 83). Ziel ist es ein einheitliches Erscheinungsbild herzustellen:

> Die **formale Integration** der Kommunikation umfasst sämtliche Aktivitäten, die die Kommunikationsinstrumente und -mittel durch Gestaltungsprinzipien miteinander verbindet und damit im Hinblick auf die zentralen Kommunikationsziele eine einheitliche Form des Erscheinungsbildes vermitteln. (Bruhn 2009: 83, Hervorheb. i. O.)

Formale Richtlinien wie Schrifttypen, Farben, Bilder, Logos, oder Markenzeichen sind nur einige Beispiele für eine formale Integration und werden üblicher Weise in einem Corporate-Design-Manual verbindlich festgehalten (vgl. Bruhn 2009: 84f.). Schließlich führt die zeitliche Integration dazu, dass Kommunikationsmaßnahmen, zeitlich aufeinander abgestimmt werden. Dabei wird meist kurz- bis mittelfristig geplant (vgl. Bruhn 2009: 86):

> Die **zeitliche Integration** der Kommunikation umfasst sämtliche Aktivitäten, die den Einsatz der Kommunikationsinstrumente und -mittel innerhalb sowie zwischen verschiedenen Planungsperioden aufeinander abstimmen und damit im Hinblick auf die zentralen Kommunikationsziele der Wahrnehmung eines einheitlichen Erscheinungsbildes verstärken. (Bruhn 2009: 86, Hervorheb. i. O.)

Zum einen umfasst die zeitliche Integration die Abstimmung zwischen verschiedenen Kommunikationsinstrumenten. So können sich beispielsweise zeitlich abgestimmte Maßnahmen - wie z. B. eine Anzeigenkampagne und eine Fernsehwerbung - gegenseitig unterstützen. Zum anderen beinhaltet die zeitliche Integration auch die zeitliche Kontinuität innerhalb eines Instruments. Bruhn führt beispielsweise Werbekonzepte an, die mittel- bis langfristig, also auf mindestens fünf Jahre ausgerichtet sein sollten (vgl. Bruhn 2009: 87).

Alle drei Formen der Integration lassen sich auch anhand eines kurzen Beispiels im Kontext der Interpersonellen Kommunikation gut veranschaulichen: Nehmen wir an, ein Produktionsunternehmen, das seit einigen Jahren ein nachhaltiges Leitbild verfolgt und auf erneuerbare Energien setzt, plant einen neuen Produktionsstandort in einem Industriegebiet, dass an einem Wohngebiet grenzt. Das Unternehmen setzt grundsätzlich auf eine dialogorientierte Kommunikation mit seinen Anspruchsgruppen und erkennt, dass Unternehmen auch einen gesellschaftlichen Beitrag leisten müssen.

Auf Ebene der inhaltlichen Integration wird zeitgerecht - also vor der Bekanntgabe des geplanten Standorts - festgelegt, dass sich positive Kernbotschaften durch alle Kommunikationsmittel ziehen sollen, die folgendermaßen aufgebaut werden könnten: Das Unternehmen ist das nachhaltigste Unternehmen in der Branche, setzt ausschließlich auf erneuerbare Energie und schafft fair bezahlte Arbeitsplätze. Das Unternehmen setzt auf transparente Kommunikation und ist jederzeit zum Dialog bereit. Die Ansiedelung des Unternehmens ist also eine positive Bereicherung für jede Gemeinde.

Um die verschiedenen Maßnahmen zeitlich gut abzustimmen, erfolgt nun anhand einer zeitlichen Integration die Planung der Kommunikationsmaßnahmen. Beispielsweise könnte der Presseartikel - betreffend des neuen Standorts - mit einer Sperrfrist ausgesendet werden, die es ermöglicht die künftigen Anrainer über die Pläne zu informieren, noch bevor diese vom Vorhaben in der Zeitung erfahren. Ein Informationswerbespot im Regionalfernsehen einige Tage nach der Bekanntgabe, könnte über die Vorteile der Betriebsansiedlung für die Bewohner informieren. In den Dialog mit den Anrainern treten Vertreter der Unternehmensspitze, die bestens im Bereich der Interpersonellen Kommunikation, insbesondere in den Themengebieten konfliktreiche Kommunikation, Mediation und Dialog geschult sind und eine offene Kommunikationskultur an den Tag legen. Das Wording der Unternehmensvertreter ist inhaltlich und sprachlich auf die Kernbotschaften abgestimmt. Auf ehrliche Weise werden alle Fragen der Anrainer beantwortet. In Streitfragen wird stets die Kompromissbereitschaft signalisiert.

Alle Kommunikationsmaßnahmen weisen eine gestalterisch, einheitliche Linie auf, die sich bis zu dem Erscheinungsbild der Unternehmensspitze erstreckt. Dieses Beispiel sollte die Formen der Integration praxisnahe darstellen, aber vor allem auch ersichtlich machen, wie gut sich die Interpersonelle Kommunikation in die Integrierte Kommunikation einbinden lässt.

Darüber hinaus erfüllt die Interpersonelle Kommunikation innerhalb der Integrierten Kommunikation eine weitere indirekte Funktion. Bruhn (2009: 319) hebt hervor, dass Integrierte Kommunikation nur von Menschen durchgeführt werden kann, die auch integriert wirken. Im Zuge dessen spielen Theorien und Instrumente der Interpersonelle Kommunikation in der Mitarbeiter-Weiterbildung eine entscheidende Rolle. Nach Bruhn haben personelle Maßnahmen folgende Anforderungen zu erfüllen (es folgt ein Auszug von einigen ausgewählten Punkten):

- „Förderung der für eine erfolgreiche Integration notwendigen **Eigenschaften** wie Kooperationsbereitschaft, Informationsbereitschaft, Kommunikationsfähigkeit im Team, Koordinationswillen und vernetztes Denken."
- „Auflösung von Bereichsegoismen und starrem Abteilungsdenken, um die Grundlage für eine abteilungs- und hierarchieübergreifende Zusammenarbeit der Mitarbeitenden zu schaffen."
- „Erhöhung der **Professionalität** in der Kommunikationsarbeit."

- „Förderung der Dialog- und Interaktionsbereitschaft der Mitarbeitenden, um die Einbeziehung von Instrumenten der Pull-Kommunikation in den Kommunikationsmix zu unterstützen." (Bruhn 2009: 319, Hervorheb. i. O.)

Seminare aus dem Bereich Interpersonelle Kommunikation haben u. a. genau diese Themen als Schwerpunkt bzw. können zu Erreichung dieser Anforderungen wesentlich beitragen.

Zurück zu weiteren theoretischen Überlegungen, betreffend der Integrierten Unternehmenskommunikation. Laut Bruhn (2009: 5) geht die Integrierte Kommunikation auf die Forderung zurück, den immer bedeutender werdenden Faktor Kommunikation abzustimmen und zu vereinheitlichen und somit Kontinuität in der Arbeit der Kommunikationsabteilungen zu schaffen. Bruhn führt mit „ganzheitlicher", „vernetzter", „strategischer" und „cross-medialer Kommunikation" weitere Begriffe an, welche diese Notwendigkeit beschreiben:

> Es verbindet sich damit die Überlegung, dass durch eine intensivere Koordination innerhalb der gesamten Kommunikation die Darstellung des Unternehmens bzw. eines anderen Bezugsobjektes der Kommunikation bei den Kunden, dem Handel, der Öffentlichkeit und den Mitarbeitern [...] effektiver und effizienter gestaltet wird. (Bruhn 2009: 5)

Laut Mast (2010: 45) soll Integrierte Unternehmenskommunikation vor allem den Zweck erfüllen, bei den Anspruchsgruppen eine möglichst positive Vorstellung vom Unternehmen zu erzeugen. Die Herausforderung wird dadurch geschaffen, dass Unternehmen viele verschiedene Kommunikationsinstrumente einsetzen. Um also den eingangs erwähnten Zweck erreichen zu können, muss die Kommunikation des Unternehmens ein einheitliches und klares Bild vermitteln. Dieses Bild muss darüber hinaus glaubwürdig, konsistent und verständlich sein: „Wenn dieses nicht der Fall ist, werden Informationen ignoriert oder gehen in der Flut medialer Angebote unter." (Mast 2010: 45)

Die Autorin unterstreicht ihre Ausführungen durch die Annahme, dass heutzutage Entscheidungsprozesse nicht mehr von Tatsachen, sondern vielmehr von Eindrücken und fiktionalen Realitäten beeinflusst werden (vgl. Mast 2010: 45). Bruhn führt sehr ähnliche Aspekte für die Notwendigkeit einer Integrierten Unternehmenskommunikation an (vgl. Bruhn 2009: 1) und ergänzt: „Gleichzeitig stellen die Anspruchsgruppen - allen voran die Kunden - immer neue Anforderungen an Unternehmen, artikulieren individuelle Kommunikationsbedürfnisse und erwarten dialogorientierte Kommunikationsangebote." (Bruhn 2009: 1)

Bereits nach diesen Ausführungen wird deutlich, dass nach Ansicht von Bruhn die Integrierte Unternehmenskommunikation über den Zweck, einen einheitlichen Auftritt zu gewährleisten, hinausgeht. Viel mehr nennt der Autor Aspekte, die an eine strategische Kommunikation erinnern. Dies wurde u. a. dadurch deutlich, da er „ganzheitliche", „vernetzte", „cross-mediale" und eben auch „strategische" Kommunikation als Begriffe anführt, welche im Kontext einer Integrierten Unternehmenskommunikation verwendet werden. Im Gegensatz dazu sieht der Autor aber auch die Forderung nach individuellen Kommunikationsbedürfnissen und dialogorientierten Kommunikationsangeboten. Da aber die strategische Kommunikation eine persuasive Form der Kommunikation ist, stellt sie das genaue Gegenteil einer dialogorientierten Kommunikation dar. Diese Diskrepanz behandelt auch Mast und stellt dazu die folgende Frage:

> Wie kann das Kommunikationsmanagement einerseits einen wichtigen und messbaren Beitrag zum Unternehmenserfolg erbringen, andererseits aber trotz überbordender Informationsangebote die Aufmerksamkeitsschwelle zu den Stakeholdern überwinden und dort auf positive Resonanz stoßen? (Mast 2010: 57f.)

Die Autorin sieht wertorientierte Ansätze als Antwort auf die von ihr gestellte Frage. Als wesentlichen Aspekt streicht sie heraus, dass hierbei das Kommunikations-Management auf die materiellen sowie immateriellen Werte des Unternehmens ausgerichtet werden soll (vgl. Mast 2010: 58): „Unternehmenswerte bilden die Leitplanken für die praktische Kommunikationsarbeit. Sie beinhalten eine Zieldimension (als erstrebenswerte Zustände) und eine Handlungsdimension (als generalisierte Verhaltensstandards)." (Mast 2010: 58)

Dass die Integrierte Unternehmenskommunikation nicht per se mit einer strategischen Kommunikation gleichgestellt werden sollte, sondern durchaus auch an den Anspruchsgruppen orientierten sein kann, heben andere Autoren hervor. Lischka beispielsweise weist auf ein verändertes Verständnis der Integrierten Kommunikation hin. Seiner Ansicht nach, ist dies auf den Wandel von einem transaktionsorientierten zu einem beziehungsorientierten Kommunikationsverständnis zurückzuführen. Lischka sieht deshalb den „Wandel der Integrierten Kommunikation von einer

Massen- zu einer Dialogkommunikation" (Lischka 2000: 49) als notwendigen Schritt an. In diesem Verständnis nimmt die dialogorientierte Interaktion zwischen Unternehmen und Anspruchsgruppen einen äußerst wichtigen Stellenwert ein. Auch Mast (2010: 5) sieht die Entwicklungen im Unternehmensumfeld als Ursache für die veränderten Aufgaben der Integrierten Kommunikation. Die Autorin hebt nun den Beziehungsaufbau zu Stakeholdern sowie die Aufrechterhaltung dieser Beziehungen als die wesentlichen Aufgaben hervor:

> Dieses Bestreben sollte quer zu allen Kanälen und Kommunikationsaktivitäten verlaufen, um die Beziehungsqualität zwischen Unternehmen und seinen Stakeholdern und damit eine erfolgreiche integrierte Kommunikation sicherzustellen. (Mast 2010: 58)

Beziehungsqualität ist ein Ausdruck, der zwangsläufig zurück zur Interpersonellen Kommunikation führt. So wurde der Beziehungsaufbau bereits im ersten Kapitel des Theorieteils als eine wesentliche Funktion der Interpersonellen Kommunikation herausgehoben. Diese Forderung von Mast, ist also ein weiteres Indiz dafür, dass Integrierte Unternehmenskommunikation und Interpersonelle Kommunikation gut zusammen passen. Oder anders formuliert: dass sich Elemente der Interpersonellen Kommunikation gut in die Integrierte Unternehmenskommunikation aufnehmen lassen.

Im folgenden Kapitel wird die dialogorientierte Unternehmenskommunikation genauer betrachtet. Für eine Auseinandersetzung mit diesem Konzept sprechen gleich mehrere Überlegungen. Zum einen ist die dialogorientierte Unternehmenskommunikation - wie gerade erläutert - die Basis für eine Integrierte Unternehmenskommunikation, die nicht persuasiv sondern dialogorientiert ist. Zum anderen spiegelt sich der Grundgedanke der dialogorientierten Kommunikation stark im Seminardesign wider, das im empirischen Teil erarbeitet wird.

2.3 Dialogorientierte Unternehmenskommunikation

Im Sammelband „Dialogorientiere Unternehmenskommunikation" von Bentele, Steinmann und Zerfaß wurde der Dialoggedanke im Kontext der Public Relations erstmals theoretisch aufgearbeitet. Anhand von sieben Thesen fassen die Autoren die zentralen Aussagen aller Beiträge des Sammelbandes zusammen, weisen aber darauf hin, dass diese kein „geschlossenes Theoriegebäude" darstellen (vgl. Bentele/Steinmann/Zerfaß 1996: 447). Im Folgenden sollen diese sieben Thesen vorgestellt und erläutert werden.

These 1: „Der Dialoggedanke hat viele Facetten; er steht immer im Spannungsfeld von idealen Anforderungen und realen Erfahrungen" (Bentele/Steinmann/Zerfaß 1996: 448)

Die Autoren (Bentele/Steinmann/Zerfaß 1996: 448f.) drücken mit dieser These aus, dass der Begriff „Dialog" im alltäglichen Sprachgebrauch unterschiedlichste Verwendung findet. Dabei erstrecken sich die Bedeutungen von einem wechselseitigen Kommunikationsprozess bis hin zu einer konkreten Form der argumentativen Interessensklärung. Um auf den Unterschied zwischen Leitbild und praktischer Umsetzung hinzuweisen, verwenden die Autoren bewusst den Ausdruck „dialogorientierte" anstelle von „dialogischer" Unternehmenskommunikation. Somit soll vermieden werden, dass die Dialogidee dem Spannungsfeld zwischen Theorie und Praxis zum Opfer fällt. Entscheidend ist, dass der Dialoggedanke theoretische Leitbilder bereitstellt, an denen wir unser Handeln in konkreten Situationen orientieren können, ohne das diese Leitbilder das Handeln abschließend beschreiben: „Beispielsweise müssen die Beteiligten immer im Einzelfall beurteilen, was unter Zweiseitigkeit, Offenheit, Symmetrie oder Konsensorientierung zu verstehen ist." (Bentele/Steinmann/Zerfaß 1996: 449) Im Zuge dieses Buches wird der Dialog sehr genau von anderen Gesprächsformen, wie etwa der Diskussion, unterschieden: „Bei einem Dialog jedoch versucht niemand zu gewinnen. Wenn einer gewinnt, gewinnen alle. Es steckt ein anderer Geist dahinter. In einem Dialog wird nicht versucht Punkte zu machen oder den eigenen Standpunkt durchzusetzen." (Bohm 2008: 33f.)

These 2: „Die Dialogorientierung betrifft einerseits das generelle Leitbild der Unternehmensführung und -kommunikation und andererseits die Gestaltung spezifischer Kommunikationskonzepte" (Bentele/Steinmann/Zerfaß 1996: 450)

Basis für diese These stellt die Annahme dar, dass Unternehmen gesellschaftliche Institutionen sind, die zwar in erster Linie ökonomische Ziele erreichen müssen, aber auch eine Verantwortung für das Gemeinwohl haben. Demnach steht die Dialogorientierung auf einer grundsätzlichen Ebene für ein *„Selbstverständnis der Un-*

ternehmung und ihrer Kommunikationspolitik" (Bentele/Steinmann/Zerfaß 1996: 450, Hervorheb. i. O.). Um Verantwortung wahrnehmen zu können, müssen Unternehmen offene Kommunikation mit Anspruchsgruppen suchen und gesellschaftspolitische Verständigungspotentiale aufbauen (vgl. Bentele/Steinmann/Zerfaß 1996: 450).

Der zweite Teil der These bezieht sich auf die Ausrichtung strategischer Kommunikationskonzepte sowie auf die Gestaltung einzelner kommunikativer Maßnahmen. Dabei sind unterschiedliche Formen des Dialoges einsetzbar, deren Einsatz sich am Beitrag zum Unternehmenserfolg orientieren sollte (Bentele/Steinmann/Zerfaß 1996: 450).

These 3: „Die Dialogorientierung auf unternehmenspolitischer Ebene ist ein unverzichtbares Element moderner Unternehmensführung" (Bentele/Steinmann/Zerfaß 1996: 451)

Ein Unternehmen steht diversen und auch widersprüchlichen Ansprüchen gegenüber, die vom externen und internen Umfeld ausgehen. Durch einen unternehmenspolitischen Dialog ist es möglich, wichtige Impulse aufzunehmen, die wiederum in der Unternehmensstrategie sowie in der Unternehmensidentität miteinfließen. Dies stellt die Basis dafür da, in einer komplexen Umwelt zu überleben und sich stetig weiterzuentwickeln (vgl. Bentele/Steinmann/Zerfaß 1996: 451).

These 4: „Dialogorientierte Kommunikationskonzepte dienen unterschiedlichen Zwecken und nehmen deshalb höchst unterschiedliche Formen an" (Bentele/ Steinmann/Zerfaß 1996: 452)

Die vierte These bezieht sich auf konkrete Kommunikationskonzepte, die sich dem Dialoggedanken bedienen. Je nach Zweck stehen hierfür unterschiedliche Vorgangsweisen zur Verfügung. Die Autoren unterscheiden drei zentrale Wortverwendungen bezüglich des Dialogs, die im Folgenden kurz dargestellt werden:

Dialog als interaktiver Kommunikationsprozess: Dem Rezipienten wird die Möglichkeit gegeben, eine gezielte Informationsabfrage durchzuführen oder ein direktes Feedback zu geben. Darunter fallen - aus Marketingsicht - auch klassische Einweginstrumente die eine Rückkopplung ermöglichen, zum Beispiel eine Printanzeige mit beigefügter Antwortkarte (vgl. Bentele/Steinmann/Zerfaß 1996: 452f.).

Dialog als zweiseitiger Kommunikationsprozess: In diesem Prozess findet ein Rollenwechsel zwischen den Beteiligten statt, zumindest ist dieser grundsätzlich vorgesehen. Somit kann sich ein offener Prozess zwischen Unternehmen und Anspruchsgruppe entwickeln, bei dem beide Seiten etwas mitteilen und sich bemühen die jeweils andere Seite zu verstehen. Alle Beteiligten haben somit Einfluss auf den Verlauf des Prozesses und können diesen auch abbrechen. Dialoge - in diesem Sinne - sind deshalb schwer planbar und sind mit höheren Risiken behaftet (vgl. Bentele/Steinmann/Zerfaß 1996: 453).

Dialog als Argumentationsprozess: Hinter dieser Wortverwendung steht eine besonders „starke" Form des Dialoges. Dabei distanzieren sich die Beteiligten von ihren jeweiligen Handlungssituationen und versuchen gemeinsame Situationsdeutungen, Interessensklärungen und Handlungspläne zu erarbeiten. Dadurch, dass Standpunkte zur Disposition gestellt werden, können Lösungen entwickelt werden, die sich am Leitbild einen Konsens orientieren. Die Anforderungen an beide Gesprächspartner sind bei dieser Art des Dialoges sehr hoch, darum wird auch das heranziehen eines allparteilichen Moderators bzw. Mediators empfohlen (vgl. Bentele/Steinmann/Zerfaß 1996:453f.).

These 5: „Bei der Umsetzung von Dialogkonzepten werden personale, mediale und massenmediale Plattformen in Anspruch genommen" (Bentele/Steinmann/ Zerfaß 1996: 454)

Die Wahl, welche Plattform für den Dialog gewählt wird, richtet sich vor allem nach dem Zweck der Kommunikation. Die möglichen Plattformen unterscheiden sich massiv in puncto Reichweite, Rollenverteilung, Zutrittsschranken und Verarbeitungsmodi (vgl. Bentele/Steinmann/Zerfaß 1996: 454). Die Charakteristika der einzelnen Plattformen sollen im Folgenden kurz erläutert werden:

Massenmediale Kommunikationsaktivitäten: Wie der Name schon andeutet, werden hier technische Plattformen in Anspruch genommen, welche den Austausch zwischen Personen ermöglichen, die räumlich und/oder zeitlich voneinander getrennt sind. Dazu zählen Printmedien, Fernsehen, Radio und Internet. Diese Medien sind grundsätzlich jedem zugänglich und verfügen über Feedback-Möglichkeiten. Ein Dialog im eigentlichen Sinne kann aber trotzdem nicht stattfinden, vielmehr handelt es sich um interaktive Kommunikation (vgl. Bentele/Steinmann/Zerfaß 1996: 455).

Mediale Kommunikationsplattformen: Dazu zählen Hotlines, Mailboxen, Foren, Chats und andere interaktive Medien, die eine Kommunikation mit räumlich getrennten Anspruchsgruppen ermöglichen. Der Kreis der Personen ist jedoch - im Vergleich zu massenmedialen Plattformen - abgegrenzt bzw. abgrenzbar (vgl. Bentele/Steinmann/Zerfaß 1996: 455).

Veranstaltungsforen: Diese Möglichkeit stellt einen räumlich, zeitlich und thematisch begrenzten Rahmen für eine Dialogkommunikation zur Verfügung. Dazu lassen sich - je nach Art der Veranstaltung - unterschiedliche Dialogformen umsetzen. Welche Dialogform initiiert werden soll, lässt sich oft schon an den unterschiedlichen Namen erahnen, welche Unternehmen ihren Veranstaltungen geben. Diese reichen von „Tag der offenen Tür" bis hin zu „Gesprächskreis" oder „Unternehmensdialog". Zweifelsohne handelt es sich hier um eine wichtige Form der dialogorientierten Unternehmenskommunikation (vgl. Bentele/Steinmann/Zerfaß 1996: 455f.).

Episodische Kommunikationsprozesse: Dabei handelt es sich um Begegnungen, die wenig vorstrukturiert sind, zumeist aber nicht zufällig stattfinden. Dazu zählen unterschiedlichste Settings, in denen Vertreter des Unternehmens mit Personen unterschiedlicher Anspruchsgruppen, wie z. B. Journalisten, Meinungsführer, Politikern, etc. zusammentreffen. Diese Begegnungen bilden den Rahmen für einen informellen Meinungsaustausch, aber auch zum persönlichen Networking (vgl. Bentele/Steinmann/Zerfaß 1996: 456).

These 6: „Dialogkonzepte sind kein Königsweg, sondern situativer Bestandteil einer erfolgreichen Kommunikationspolitik" (Bentele/Steinmann/Zerfaß 1996: 456)

Da Unternehmenskommunikation unterschiedliche Zwecke verfolgt, ist es laut den Autoren (vgl. Bentele/Steinmann/Zerfaß 1996: 457) auch legitim, dass dialogorientierte Vorgehensweisen verschiedene Formen annehmen können und unterschiedlich realisiert werden. Somit gibt es kein Dialogkonzept, dass den alleinigen Königsweg darstellt: „Sie sind aber unverzichtliche Elemente einer erfolgreichen Kommunikationspolitik, über deren Eignung, Ausgestaltung und Gewichtung man nur in Anbetracht der jeweiligen Situation entscheiden kann." (Bentele/Steinmann/ Zerfaß 1996: 457)

These 7: „Die Dialogorientierung der Unternehmenskommunikation ist eng mit ethisch-moralischen Orientierungen verknüpft" (Bentele/Steinmann/Zerfaß 1996: 457)

Die Autoren (vgl. Bentele/Steinmann/Zerfaß 1996: 457f.) halten fest, dass der Dialoggedanke oft mit der sozialen Verantwortung von Unternehmen und Fragen der Ethik in Verbindung gebracht wird. Als Grund dafür führen Bentele, Steinmann und Zerfaß zwei Aspekte an.

Zum einen sehen die Autoren den unternehmenspolitischen Dialog als ein Selbstverständnis der Unternehmensführung. Dabei wird neben dem ökonomischen Erfolg auch die Tatsache berücksichtigt, dass Unternehmen einen Beitrag zum Gemeinwohl leisten können. Dabei kommen zusätzliche Herausforderungen auf die Unternehmen zu, denn in modernen Gesellschaften werden konkrete Vorgehensweisen oft in Frage gestellt. Ein Verweis auf die Rechtsordnung alleine, ist aus unternehmensethischer Sicht oft nicht mehr ausreichend (vgl. Bentele/Steinmann/ Zerfaß 1996: 457f.).

Als zweiten Aspekt führen die Autoren an, dass Wertorientierungen heute von allen Beteiligten gemeinsam erarbeitet werden. Sie können nicht mehr beliebig gesetzt oder letztgültig begründet werden. Unter diesen Voraussetzungen ist eine neue Herangehensweise erforderlich: „Dies setzt voraus, dass man ganz konkret in einen argumentativen Dialog eintritt und die Frage beatwortet, was jedem unter den gegebenen Umständen einerseits zusteht und andererseits zumutbar ist." (Bentele/Steinmann/Zerfaß 1996: 458) Somit ist Dialogkompetenz eine wesentliche Anforderung an moderne Unternehmen.

Obwohl die präsentierten Thesen bereits 16 Jahre alt sind, sind deren Aussagen und Inhalte immer noch von höchster, aktueller Relevanz. Diese Thesen können das Fundament für ein Leitbild eines PR-Seminars im Bereich der Interpersonellen Kommunikation bilden.

2.4 Zusammenfassende Betrachtung

Organisationen und Unternehmen vermitteln über verschiedenste Kanäle diverse Inhalte. In diesen Fällen nimmt die Organisation die Rolle eines Kommunikators ein. Dabei gibt es drei unterschiedliche Dimensionen, wie eine Organisation wahrgenommen werden kann: die rollenbezogene Dimension (Kommunikation durch nicht autorisierte Organisationsmitglieder), die funktionsbezogene Dimension (Kommunikation durch autorisierte Kommunikatoren) sowie die wahrnehmungsbezogene Dimension (Organisation selbst wird als Kommunikator wahrgenommen) (vgl. Weder 2010: 130). Diese Unterscheidung trägt zum einen dazu bei Bewusstsein für die verschiedenen Formen zu schaffen, in denen eine Organisation wahrgenommen werden kann. Zum anderen macht sie recht deutlich auf welcher Ebene ein Public Relations Seminar ansetzen kann. Nämlich auf der funktionsbezogenen Dimension. Es gilt ein Seminar für professionelle Kommunikatoren wie Pressesprecher aber auch für CEOs zu entwickeln, um die Verständigung zwischen Organisationen und Anspruchsgruppen zu fördern.

Mit der Integrierten Unternehmenskommunikation wurde ein Konzept vorgestellt, das den Kommunikationsabteilungen viele Handlungsanleitungen zur Verfügung stellt. Das übergeordnete Ziel dabei ist es, den Zielgruppen ein einheitliches Erscheinungsbild des Unternehmens zu vermitteln (vgl. Mast 2010: 45). In Bezug auf die Interpersonelle Kommunikation, ist die Integrierte Unternehmenskommunikation in zweierlei Hinsicht interessant. Zum einen kann dabei die Interpersonelle Kommunikation als eigenständiges Kommunikationsinstrument definiert werden. Es gilt zu beachten, dass auch dieses Instrument inhaltlich, formal und zeitlich mit den anderen Maßnahmen und Instrumenten abgestimmt werden muss. Somit wird die Interpersonelle Kommunikation als Instrument wahrgenommen und fokussiert. Sie gilt dann nicht mehr als etwas, das ohnehin im PR-Alltag „passiert". Doch es gibt einen weiteren wichtigen Aspekt, bei dem die Interpersonelle Kommunikation, im Zuge der Integrierten Kommunikation, eine wichtige Funktion übernimmt. Denn Integrierte Kommunikation kann nur durch Menschen durchgeführt werden, die integriert wirken und dieses Konzept auch leben (vgl. Bruhn 2009: 329). Um diesen Umstand zu fördern, können Instrumente der Interpersonellen Kommunikation in Form von Weiterbildungsmaßnahmen und Trainings für die Mitarbeiter eingesetzt werden. So setzt eine erfolgreiche Integration Eigenschaften voraus, die gerade in Kommunikationstrainings vermittelt werden, wie z. B. Kooperationsbereitschaft, Kommunikationsfähigkeit und Zusammenarbeit. Zusammengefasst wird die Integrierte Unternehmenskommunikation innerhalb dieses Buches, als modernes Konzept für moderne Unternehmen interpretiert, das jedoch auf den richtigen Werten basieren muss. Denn: „Unternehmenswerte bilden die Leitplanken für die praktische Kommunikationsarbeit. Sie beinhalten eine Zieldimension (als erstrebenswerte Zustände) und eine Handlungsdimension (als generalisierte Verhaltensstandards)." (Mast 2010: 58) Dass dieses Konzept - richtig interpretiert - einen Beitrag zu einer beziehungsorientierten Public Relations leisten kann, darauf weisen diverse Autoren hin. So sieht Lischka einen „Wandel der Integrierten Kommunikation von einer Massen- zu einer Dialogkommunikation" (Lischka 2000: 49) als notwendigen Schritt an. Auch Mast (2010: 5) hebt den Beziehungsaufbau zu Stakeholdern als eine wesentliche Aufgabe der Integrierten Unternehmenskommunikation hervor.

Das zuletzt präsentierte Konzept der dialogorientierten Unternehmenskommunikation lässt sich - mit der soeben dargestellten Grundhaltung - gut in die Integrierte Unternehmenskommunikation aufnehmen. Denn die dialogorientierte Unternehmenskommunikation stellt theoretische Leitbilder zur Verfügung, die eine Orientierungshilfe in der Praxis sein können. Das Konzept basiert auf der Grundannahme, dass Unternehmen auch eine Verantwortung für das Gemeinwohl übernehmen müssen. Aber auch, dass durch die dialogorientierte Kommunikation mit den Anspruchsgruppen, wichtige Impulse aufgenommen werden können. Somit lassen sich die Konzepte der Integrierten und der dialogorientierten Unternehmenskommunikation unter dem Aspekt einer nachhaltigen, verantwortungsvollen und sozialen Unternehmensorientierung, vereinen. Zusammen bilden sie eine gute Basis für die Unternehmenskommunikation, inklusive theoretischer Handlungsmöglichkeiten, die in der Praxis Orientierungshilfe bieten. Die wichtigsten Aspekte dieser Konzepte sollen auch im Rahmen des Public Relation Seminars präsentiert und gegebenenfalls offen zur Diskussion gestellt werden.

C. Theorie trifft Praxis

Im empirischen Teil dieses Buches wird ein Seminardesign erstellt, das den Schwerpunkt auf die Interpersonelle Kommunikation in der Public Relations setzt. Dabei sind zunächst zwei Fragen zu klären, was im Zuge dieses Abschnitts getan werden soll. Zunächst ist es wesentlich zu veranschaulichen, in welchen Situationen Interpersonelle Kommunikation im PR-Alltag zum Einsatz kommt oder auch einfach nur unreflektiert passiert. Mit dieser Frage beschäftigt sich das folgende Kapitel. Danach stellt sich die Frage, wie die Umsetzung von Interpersoneller Kommunikation vor sich geht und welche Aspekte dabei zu beachten sind. Diesem Thema widmet sich das zweite Kapitel in diesem Abschnitt.

1. Interpersonelle Kommunikation im Public Relations-Alltag

Um zu veranschaulichen, in welchen Situationen die Interpersonelle Kommunikation in der Public Relations eine Rolle spielt, zog Wald (2012: 101) das Analyse- und Entscheidungsrad der Public Relations von Immerschitt (2009: 60) heran. Dieses Modell bildet insgesamt zehn Phasen ab, welche im Zuge eines PR-Projektes durchlaufen werden. Dabei erstrecken sich die Phasen von der Planung über die Umsetzung, bis hin zu Evaluation. Zusammenfassend kam Wald (2012: 106) zum Ergebnis, dass die Interpersonelle Kommunikation in allen Phasen ein relevanter Faktor sein kann.

Besonders am Projektbeginn ist ein intensiver Austausch mit dem Kunden nötig, um dessen Bedürfnisse und Ansichten herauszufinden. Derartige Briefing-Gespräche finden meist in Form einer Face-to-Face-Kommunikation statt, da „eine hohe Komplexität bewältigt werden muss, die permanentes Nachfragen erfordert". (Wald 2012: 103) Es gehe bereits zu Beginn darum, erste Schritte in Richtung Beziehungs- und Vertrauensaufbau zu setzen, damit der Kunde auch seine persönliche Meinung und Hintergrundinformationen preisgibt. Diese können in der Planungsphase wichtige Informationen beinhalten.

Abgesehen vom Kontakt zu den Kunden findet Interpersonelle Kommunikation natürlich auch innerhalb der Agenturteams und zwischen den Mitarbeitern statt, da

Projekte oft in Teamarbeit abgewickelt werden. In dieser Anfangsphase von Projekten könnte auch bereits die Interpersonelle Kommunikation zu den Zielgruppen eine Rolle spielen, nämlich dann wenn der direkte Kontakt gesucht wird, um ein Fremdbild über das Unternehmen einzuholen.

Auch in der Umsetzungsphase stellt die Interpersonelle Kommunikation einen relevanten Faktor dar. Zum einen, wenn sie in Form eines PR-Instruments direkt eingesetzt wird. Zum anderen, wenn mit Hilfe der Interpersonellen Kommunikation andere Maßnahmen eingeleitet oder angestoßen werden sollen. Das wäre beispielsweise dann der Fall, wenn einem redaktionellen Artikel, persönliche Gespräche mit dem Journalisten vorausgegangen sind (vgl. Wald 2012: 104f.).

In der Evaluationsphase kann die Interpersonelle Kommunikation in gleicher Form wie in der Planungsphase zum Einsatz kommen, nämlich als Umfrage-Tool, um ein Fremdbild zum Unternehmen einzuholen. Wenn diese Umfragen am Anfang und am Ende eines Projekts durchgeführt werden, kann der Vergleich der Ergebnisse beispielsweise veranschaulichen, inwieweit eine veränderte Wahrnehmung bei der Zielgruppe erzeugt wurde. Zum direkten Einsatz der Interpersonellen Kommunikation als PR-Instrument werden im folgenden Kapitel detaillierte, empirische Ergebnisse präsentiert.

In diesem Fall wurden Anteile der Interpersonellen Kommunikation in der Public Relations anhand von PR-Projekt-Phasen ausfindig gemacht. Das ist freilich nur ein möglicher Zugang. Payer (2010: 356) beispielsweise nennt acht verschiedene Programmbereiche, in denen sie jeweils die Funktion der Interpersonellen Kommunikation darstellt. Diese Bereiche sind Media Relations, Community Relations, Mitarbeiterkommunikation, Educational Relations, Lobbying, Krisen-PR, Issues Management und Event-PR. Die Autorin hält fest, dass sich Instrumente der Interpersonellen Kommunikation in der PR-Arbeit in verschiedenen Ausprägungen wiederfindet: „Sie eigenen sich vor allem für Situationen in denen die Zustimmung der Zielgruppe gewonnen werden soll, Probleme gelöst und Konflikte vermieden bzw. bewältigt werden sollen." (Payer 2010: 347)

Payer hebt auch hervor, dass bei Unternehmensvertretern Bewusstsein und Sensibilität bezüglich der Interpersonellen Kommunikation vorhanden sein muss. Außerdem plädiert sie dafür, dass der Vorbereitungsphase auf interpersonelle Kontakte ein hoher Stellenwert zukommen sollte (vgl. Payer 2010: 345) Diesbezüglich betont die Autorin auch die Relevanz von Seminaren in diesem Bereich: „Interpersonelle Trainings können hier verschiedenste Situationen und Szenarien nachstellen und dürfen daher in keinem Management-Förderprogramm fehlen." (Payer 2010: 345)

Eine mögliche Form von interpersonellen Trainings, die speziell für die Public Relations als relevant gelten, sind sogenannte Medientrainings. Sie werden beispielsweise von PR-Agenturen angeboten und richten sich meist an die Geschäftsführer oder Pressesprecher der eigenen Kunden. Wie der Name schon sagt, wird mittels Medientrainings versucht, „Pressesprechern und CEOs das nötige Rüstzeug im Umgang mit den Medien zur Verfügung zu stellen". (Wald 2012: 106)

Das speziell für diese Situationen eigene Trainings angeboten werden liegt vermutlich an der Tatsache, dass die Relevanz der Massenmedien immer noch als sehr hoch eingeschätzt wird: „Eine unüberlegte Antwort auf eine kritische Frage oder ein unachtsames Ausplaudern von Firmengeheimnissen vor Journalisten, sind die Worst Case Szenarien für Unternehmen und können mitunter hohe Wellen schlagen." (Wald 2012: 106)

Die Theorie bietet zu diesem Thema ebenfalls Hilfestellung. So verfasste beispielsweise Lippman (1994: 310) die „Guidelines for Working with the Press". Wald (2012: 108) hält fest, dass sich dabei drei Gruppen von Tipps identifizieren lassen. Diese Tipps betreffen zum einen die Aufbereitung der Inhalte bzw. Texte. Zum anderen werden Tipps genannt, die sich unter den Begriffen Authentizität und Ehrlichkeit gruppieren lassen sowie jene bei denen es um die Trennung von Sach- und Beziehungsebene geht.

Was fehlt sind Hinweise darauf, wie sich Beziehungen aufbauen, gestalten und analysieren lassen. An dieser Stelle wird das - im empirischen Teil des Buches - erstellte Seminardesign sicherlich ansetzen müssen. Zum Thema Medientrainings werden im folgenden Kapitel noch empirische Ergebnisse präsentiert, um zu zeigen welche Inhalte Medientrainings in der Praxis anbieten.

Zusammenfassend kann festgehalten werden, dass die Interpersonelle Kommunikation in der Public Relations auf drei verschiedenen Ebenen passiert:

- Interpersonelle Kommunikation in Form von geplanten und gezielt eingesetzten PR-Instrumenten.
- Interpersonelle Kommunikation mit Kunden, Zielgruppen und Mitarbeitern im Zuge der Projektabwicklung.
- Interpersonelle Kommunikation innerhalb von Trainings und Seminaren für PR-Berater und Unternehmensvertreter.

Die zuletzt genannten Seminare und Trainings können – wie im Fall der Medientrainings – die Interpersonelle Kommunikation wiederum als Hauptinhalt haben. Für dieses Buch sind alle drei Ebenen relevant. Die dritte Ebene, weil auch in diesem Buch ein Seminar entwickelt wird. Die beiden anderen Ebenen, weil sie die Hauptinhalte des entwickelten Seminars sein werden.

2. Ergebnisse aus der Empirie

Im Rahmen meiner Magisterarbeit habe ich eine empirische Untersuchung zu den Themengebieten „Interpersonelle Kommunikation", „Beziehung" und „Ausbildung in Interpersoneller Kommunikation" in der Public Relations durchgeführt. Dabei wurden Experteninterviews mit Geschäftsführern von PR-Agenturen geführt und anschließend qualitativ ausgewertet. Die Ergebnisse dieser Untersuchung dienen hier als Basis für die Erstellung eines Seminardesigns, deshalb werden sie im vorliegenden Kapitel in komprimierter Form wiedergegeben. Dabei werden allerdings nur jene Ergebnisse dargestellt, die für Erstellung des Seminardesigns als relevant betrachtet werden.

Die erste relevante Fragestellung beschäftigt sich mit dem bewussten Einsatz von Instrumenten und Methoden aus der Interpersonellen Kommunikation in PR-Agenturen. Die Auswertung zeigt, dass in allen Agenturen Maßnahmen eingesetzt werden, die zumindest Bestandteile der Interpersonellen Kommunikation aufweisen. Dabei werden diese Maßnahmen schon in der Planungsphase bzw. bei der Konzepterstellung berücksichtig (vgl. Wald 2012: 121). PR-Berater setzen diese Maßnahmen meist dann ein, wenn „die Zielsetzungen es verlangen, sie grundsätzlich durchführbar sind, die Zielgruppe überschaubar ist oder aber die nähere Umgebung des Unternehmens betroffen ist." (Wald 2012: 121) In Bezug auf den Einsatz von Maßnahmen und Instrumenten mit Anteilen an Interpersoneller Kommunikation werden in der Auswertung zwei Gruppen von PR-Beratern unterschieden:

- „Jene Experten, die Instrumente mit Anteilen an Interpersoneller Kommunikation eher intuitiv und weniger systematisch in der Konzeptionsphase berücksichtigen und einplanen." (Wald 2012: 121)
- „Jene Experten, deren Bewusstsein für die Instrumente mit Anteilen an Interpersoneller Kommunikation sehr hoch ist. Diese Experten planen und berücksichtigen diese Instrumente sehr bewusst und setzen sie überaus gezielt ein." (Wald 2012: 121)

Eine Gruppe in der Untersuchung setzt diese Maßnahmen also bereits sehr bewusst und gezielt ein, während bei der anderen Gruppe dieser Einsatz intuitiv passiert. An dieser Stelle könnte ein Seminar ansetzen, indem es einen Leitfaden vermittelt, in welchen Situationen Maßnahmen und Instrumente mit Anteilen an Interpersoneller Kommunikation eingesetzt werden sollten und weshalb. In einem zweiten Schritt könnten diese Maßnahmen und Instrumente in Form von Übungen erlebbar gemacht werden.

Für die theoretische aber auch praktische Vermittlung von Instrumenten und Methoden aus der Interpersonellen Kommunikation, spricht auch ein weiteres Argument. Denn die Ergebnisse aus der Untersuchung von Wald (2012: 124) zeigen, dass die PR-Berater Begriffe wie „Methoden der Interpersonellen Kommunikation" äußert unterschiedlich interpretieren. Darüber hinaus wird auch ersichtlich, dass der Wissensbestand bezüglich dieser Methoden unter den Experten sehr unterschiedlich ist: „Das bedeutet wiederum, dass keine gemeinsame Wissensbasis vorhanden ist, auf der aufgebaut werden kann. Das ist ein wichtiger Hinweis, wenn es darum geht, Seminare und Trainings für diese Zielgruppe zu erstellen." (Wald 2012: 125) Die Vermittlung eines grundlegenden Fachwissens im Bereich der Methoden der Interpersonellen Kommunikation wäre also eine weitere Aufgabe eines Seminars für PR-Berater.

Der zweite Themenschwerpunkt in der empirischen Untersuchung beschäftigt sich mit Beziehungen von PR-Beratern zu Kunden und Zielgruppen. Auch hier sollen jene Ergebnisse zusammengefasst dargestellt werden, die für die Erstellung eines Seminardesigns relevant sein könnten.

In Bezug auf die Beziehungsebene zu ihren Kunden – im Sinne von Schulz von Thun und Watzlawick – kann festgehalten werden, dass alle interviewten Experten diese für einen relevanten bis sehr relevanten Faktor halten (vgl. Wald 2012: 125). Ein deutlich anderes Bild ergibt sich, wenn es um die Beziehungen zu Kunden geht. Dazu gibt der Autor vorweg zu bedenken: „Beziehungen sind ein sehr komplexes Thema, denn es bestehen zahlreiche Zwischenstufen zwischen einer sachlichen und einer persönlichen Beziehung" (Wald 2012: 126) Wie sachlich eine Beziehung zwischen PR-Berater und Kunde sein muss bzw. wie persönlich sie sein darf, darüber gehen die Meinungen der interviewten Experten stark auseinander. Ein ähnliches Bild ergibt sich, wenn es um die Beziehungen zwischen PR-Berater und Zielgruppen geht. Auch hier sind die Sichtweisen der Experten sehr differenziert. Eine dazu formulierte Hypothese von Wald (2012: 132) lautet: „PR-Berater, die persönliche Beziehungen zu ihren Kunden führen, gehen mit Journalisten auch persönliche Beziehungen ein." Die detaillierten Ergebnisse zu diesem Themenschwerpunkt inspirierten den Autor zu einem Modellentwurf, in dem ein Public Relations-Manager (siehe Abb. 1) sowie ein Öffentlichkeitsarbeiter (siehe Abb. 2) dargestellt werden. Da dieser Modellentwurf für die Erstellung eines Beziehungstrainings als sehr relevant erachtet wird, folgt nun die komprimierte Darstellung. Auf die weitere Präsentation der Ergebnisse aus der empirischen Untersuchung zu diesem Themenschwerpunkt wird an dieser Stelle verzichtet, da sie im Modellentwurf ohnehin aufgegriffen werden.

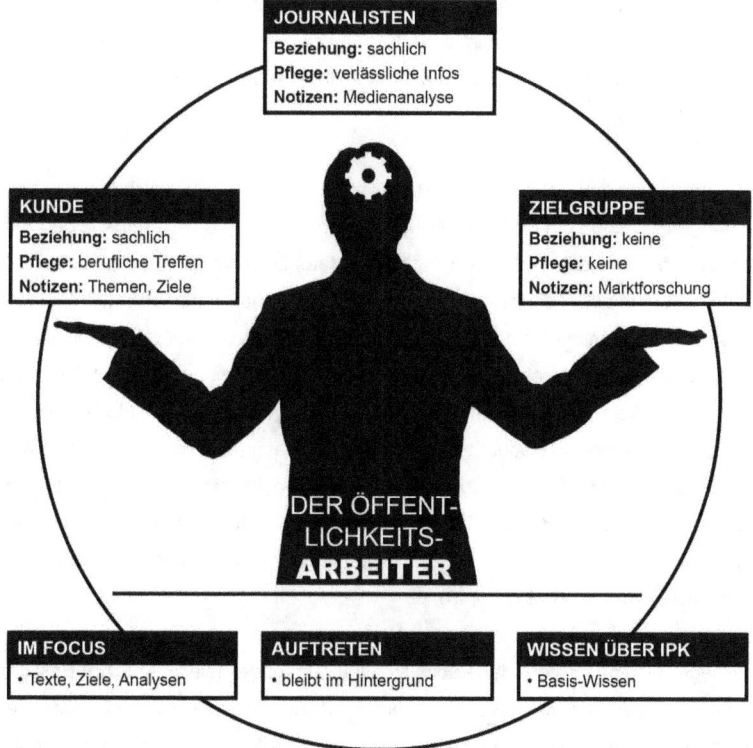

Abb. 1: Der Öffentlichkeitsarbeiter (Quelle: Wald 2012: 149)

Der Modellentwurf von Wald (2012: 148) stellt zwei sehr unterschiedliche Ausprägungen von einem PR-Berater dar. Laut Autor sollen diese Modelle - durch die ge-

gensätzliche Darstellung der beiden Berater-Typen - veranschaulichen, anhand welcher kommunikativen Merkmale sich PR-Berater unterscheiden lassen. Dadurch soll Bewusstsein geschaffen und PR-Praktikern die Möglichkeit einer Selbstreflexion geboten werden.

Im ersten Modell wird „der Öffentlichkeitsarbeiter" dargestellt (siehe Abb. 1). Dabei wählte der Autor den Namen bewusst, da Public Relations den Begriff Beziehung beinhaltet und der Öffentlichkeitsarbeiter dafür eben nicht steht. Das Zahnrad im Kopf soll symbolisieren, dass der Arbeiter meist aufgrund von rationalen und analytischen Überlegungen agiert. In seinem Fokus stehen Texte, Ziele und Analysen. Der Öffentlichkeitsarbeiter sieht sich selber eher als einen Berater, der im Hintergrund aktiv ist. Neben umfangreichen Kenntnissen in puncto Strategie und Analyse, verfügt er auch über ein Basiswissen in Interpersoneller Kommunikation (vgl. Wald 2012: 148)

Zu Kunden und Journalisten baut der Öffentlichkeitsarbeiter lediglich sachliche Beziehungen auf, die zum größten Teil themenzentriert sind. Die Treffen mit den Kunden finden in einem sachlichen Rahmen statt. Dabei notiert der Arbeiter Gesprächsthemen und Zielsetzungen. In Bezug auf Journalisten baut er auf die Qualität seiner Informationen und Texte. Seine Kontakte verwendet der Arbeiter nicht, um Medienberichte zu platzieren. Durch genau Medienanalysen und der Auswertung von Artikeln, weiß der Öffentlichkeitsarbeiter genau, welcher Medienvertreter über was wie schreibt. Dadurch sind persönliche Gespräche nicht mehr notwendig. Die Zielgruppe stellt für den Arbeiter jenen Personenkreis dar, der relevant für die Zielerreichung seines Kunden ist. Beziehungen zu Zielgruppen geht er keine ein, stattdessen setzt der Arbeiter auf Marktforschung, um zu erfahren wie diese Personen ticken (vgl. Wald 2012: 149).

Im Gegensatz dazu steht der Public Relations-Manager (siehe Abb. 2). Er wurde bewusst so genannt, da er vor allem eines tut: Beziehungen managen. Das Herz symbolisiert, dass der Manager sich oft auf sein Gefühl und seine Empathie verlässt. Denn die Befindlichkeiten der Menschen stehen in seinem Fokus. Der Public Relations-Manger agiert auch im Namen seines Kunden. Er verfügt über hervorragende Kenntnisse im Bereich der Interpersonellen Kommunikation und kann Weiterbildungen in Mediation, Moderation oder Konfliktmanagement vorweisen (vgl. Wald 2012: 150).

Der Manager baut persönliche Beziehungen zu seinen Kunden auf und erfährt dadurch auch deren persönliche Meinungen und Hintergründe. Treffen mit den Kunden finden auch in Form von Abendessen oder Café-Besuchen statt. Dabei werden auch private Informationen ausgetauscht. Zu diesen Infos macht sich der Manager Notizen, um im nächsten Gespräch daran anknüpfen zu können.

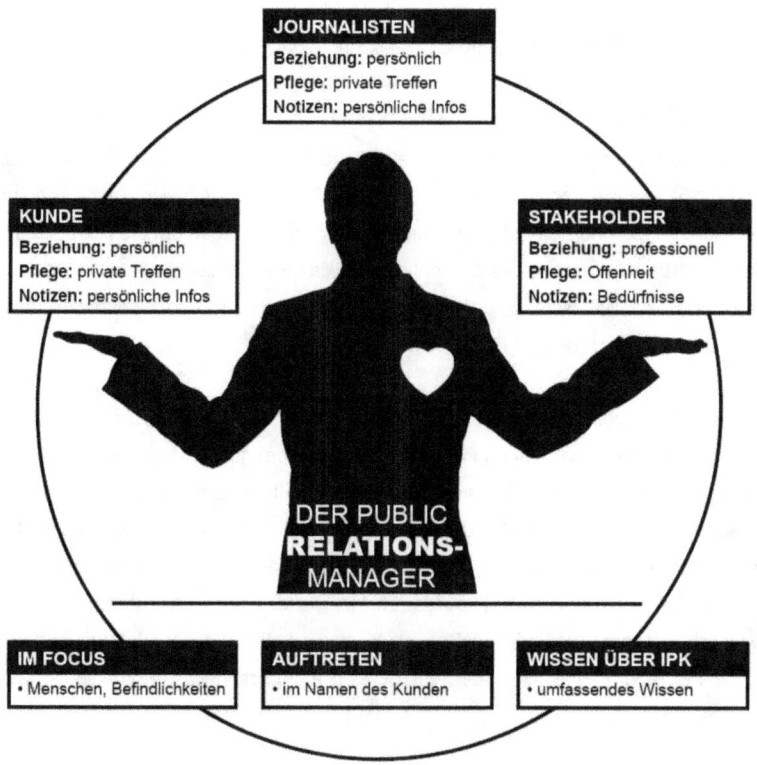

Abb. 2: Der Public Relations-Manager (Quelle: Wald 2012: 150)

Der Public Relations-Manager verfügt auch über persönliche Beziehungen zu Journalisten. Alle relevanten Medienvertreter kennt er zumindest persönlich. Dadurch kann auch er seine Botschaften punktgenau platzieren. Die privaten Daten zu den Journalisten werden ebenfalls notiert, um beispielsweise beim nächsten Geburtstag mit dem Lieblingswein überraschen zu können.

Die Zielgruppe wird vom Manager Stakeholder genannt. Neben den Zielsetzungen des Kunden, sind nämlich auch die Ansprüche dieser Personengruppe relevant. Am liebsten setzt der Public Relations-Manager auf Offenheit und Transparenz im Umgang mit den Stakeholdern. Im Zuge dessen werden auch Beziehungen, jedoch auf einer professionellen Ebene, aufgebaut. Somit erfährt der Manager von den Befindlichkeiten und Anliegen dieser Gruppe (vgl. Wald 2012: 151).

Wald (2012: 151) betont noch ausdrücklich, dass die Mehrheit der PR-Berater höchstwahrscheinlich Anteile von deinen Modellen aufweisen. Die Darstellung hält er für legitim und wichtig: „Denn sie bringt eine Diskussion, die in mehreren Themengebieten rund um die Public Relations geführt wird, auf einen Punkt." (Wald 2012: 151) Laut Autor geht es u. a. um die Unterscheidung zwischen Stakeholder und Zielgruppe und den dahinterliegenden Werten aber auch um die Auseinandersetzung rund um gesellschaftsorientierte sowie organisationsorientierte Ansätze, um nur einige Beispiele zu nennen. „Letztlich geht es um das Selbstbild und die Identität des PR-Beraters." (Wald 2012: 151)

Abschließend beinhalten die Ergebnisse der empirischen Untersuchung zum Themenschwerpunkt „Ausbildung in Interpersoneller Kommunikation" weitere sehr wesentliche Inputs für die Erstellung eines Seminardesigns. Dabei wurde zunächst die Frage gestellt, ob eine Ausbildung im Bereich der Interpersonellen Kommunikation für PR-Berater einen Sinn macht. Diese Frage wurde in zwei Schritten beantwortet. Zum einen indem nachgefragt wurde, ob Mitarbeiter von PR-Agenturen überhaupt Weiterbildungsmaßnahmen im Bereich Kommunikation besuchen. Zum anderen, ob PR-Berater Fähigkeiten aus dem Bereich Interpersonelle Kommunikation mitbringen müssen.

In Bezug auf die erste Frage hält Wald (2012: 137f.) fest, dass alle Experten und deren Mitarbeiter Fort- und Weiterbildung betreiben. Darüber hinaus konnte festgestellt werden, dass auch in der Agentur von jedem zweiten Experten, Coachings und Schulungen für die Kunden angeboten werden. Eine mögliche Form stellen dabei die Medientrainings dar, die bereits im vorherigen Kapitel thematisiert wurden. Nun folgt – die bereits vorangekündigte – kurze Darstellung welche Inhalte Medientrainings in der Praxis beinhalten.

Wald (2012: 139) identifizierte in der Auswertung der Experteninterviews zwei verschiedene Ausprägungen von Medientrainings. Im ersten Fall „werden die Geschäftsführer der Kunden und deren Pressesprecher auf bestimmte Situationen, sprich Medienauftritte, vorbereitet." (Wald 2012: 139) Darüber hinaus werden aber auch situationsunabhängige Trainings, beispielsweise für unerfahrene Führungskräfte, angeboten. Der Autor hält fest, dass der Umgang mit Journalistenfragen ein wesentlicher Aspekt dieser Art von Trainings darstellt (vgl. Wald 2012: 139).

Dazu im Gegensatz stehen Medientrainings, in denen Kunden zwar auch im Umgang mit den Medien gecoacht werden, jedoch auf einer anderen Ebene: „Es geht dabei um Missverständnisse, aber auch um Chancen und Risiken für Unternehmen. Der Experte vermittelt seinen Auftraggebern die Welt der Journalisten und verdeutlicht deren Situation und deren Bedürfnisse." (Wald 2012: 139) Diese Form von Medientrainings ist auch für das vorliegende Buch relevant und wird in ein Seminardesign einfließen.

Wie bereits weiter oben erwähnt, sollte die Frage, ob eine Ausbildung im Bereich der Interpersonellen Kommunikation für PR-Berater einen Sinn macht, auch durch eine zweite Fragestellung beantwortet werden. Nämlich dadurch, dass nachgefragt wird, ob PR-Berater Fähigkeiten aus dem Bereich Interpersonelle Kommunikation mitbringen müssen. Um die Experten nicht zu beeinflussen, fragte Wald in seinen Interviews nach allgemeinen Fähigkeiten, welche PR-Berater mitbringen sollten (vgl. Wald 2012: 140).

Die Ergebnisse sprechen eine klare Sprache: „Ausnahmslos alle Experten nennen Fähigkeiten die sich jeweils in zwei Gruppen aufteilen lassen: Hard Skills und Soft Skills." (Wald 2012: 140) Für dieses Buch sind dabei die genannten Soft Skills von großer Relevanz, daher erfolgt nun eine Auflistung der am häufigsten genannten Begriffe: „Moderieren, zuhören, empathisch sein, inspirieren, Umgang mit Menschen, authentisch sein, Neugierde erhalten, überzeugen, begeistern, Perspektiven wechseln können." (Wald 2012: 140)

Zusammenfassend betrachtet bieten die dargestellten Ergebnisse aus der empirischen Untersuchung sowie der präsentierte Modellentwurf (beide Wald 2012) zahlreiche relevante Inputs, die im folgenden Abschnitt im Kapitel „Kerninhalte eines Beziehungstrainings" wieder aufgegriffen werden.

D. Empirischer Teil

Bevor der empirische Teil dieses Buches eingeleitet wird, sollen an dieser Stelle die Hintergründe erläutert werden, warum das Beziehungstraining diesen Namen trägt. Eine Internet-Recherche zum Begriff „Beziehungstraining" bringt in erster Linie Resultate, die in den Bereich der Paar- und Sexualtherapie eingeordnet werden können. Darüber hinaus taucht der Begriff noch in Zusammenhang mit dem Psychologen Thomas Gordon auf, der ein Beziehungstraining entwickelte, das Fähigkeiten vermitteln soll, mit deren Hilfe sich Menschen selbst behaupten können, Konflikte als Bereicherung sehen und gleichzeitig ihre Gesprächspartner achten (vgl. Steinach 2012: o.S.).

Das Beziehungstraining, das im vorliegenden Buch, in Form eines Seminardesigns, entwickelt wird, hat jedoch einen anderen Ursprung. Der Name wurde bewusst und aufgrund mehrerer Überlegungen gewählt. Der Titel bezieht sich in erster Linie auf den Begriff Public Relations, indem ebenfalls das Wort Beziehung steckt. Wie bereits zu Beginn dieses Buches erwähnt wird Public Relations bewusst vom Begriff Öffentlichkeitsarbeit differenziert, weil die Wortbedeutung eine andere Wertehaltung vermittelt. Im Zuge des Beziehungstrainings wird Public Relations als das Management von Beziehungen verstanden. Ganz im Sinne der folgenden Definition:

> The public relations academic community currently defines public relations as a management funktion concerned with relationship building among publics from a symmetrical perspective to build trust, preserve or reduce conflict, and build community. (Ruler/Vercic 2005: 240)

Der im vorhergehenden Kapitel präsentierte Modellentwurf sowie die Ergebnisse der empirischen Untersuchung (beide Wald 2012) machen deutlich, welche unterschiedlichen Anschauungen es unter PR-Beratern in Bezug auf Beziehungen gibt. In diesem Buch wird dazu klar Stellung bezogen. Das zu entwickelnde Seminardesign nimmt sich das Modell des Public Relations-Managers zum Vorbild und orientiert sich daran. Denn in diesem Modell als auch im Beziehungstraining spielt die Interpersonelle Kommunikation - mit ihrer Funktion Beziehungen aufzubauen - die wesentlichste Rolle. Dem Modell als auch dem Beziehungstraining liegt die Annahme zu Grunde, dass die wesentlichste Aufgabe der Public Relations der Beziehungsaufbau zu den Stakeholdern ist.

Der vorliegende Teil des Buches widmet sich nun voll und ganz der Erstellung eines Seminardesigns für PR-Berater, Pressesprecher und Vertreter der Unternehmensspitze. Dabei werden zunächst die forschungsleitenden Fragen dieser Untersuchung wiederholt. Anschließend folgt die genaue Beschreibung, wie die Erstellung des Seminardesigns vor sich geht, um diesen Prozess möglichst transparent darzustellen. Im dritten Kapitel werden zunächst die Kerninhalte des Beziehungstrainings präsentiert. Im vierten Kapitel folgt dann die Darstellung von konkreten Theorieinputs und Übungen. Abschließend wird ein Design vorgestellt, dass zeigen soll, in welcher Form dieses Seminar stattfinden könnte.

1. Forschungsfragen

Zunächst sollen die Forschungsfragen dieser Untersuchung in Erinnerung gerufen werden. Die forschungsleitenden Fragen lauten wie folgt:

- Welche Modelle/Instrumente/Methoden aus der Interpersonellen Kommunikation sind geeignet, um sie gezielt in der PR-Praxis einzusetzen?

- Welche Modelle/Instrumente/Methoden aus der Interpersonellen Kommunikation können zu einer erfolgreicheren Public Relations-Kommunikation beitragen?

- Welche Modelle/Instrumente/Methoden aus der Interpersonellen Kommunikation lassen sich zum Aufbau von Beziehungen zu Anspruchsgruppen einsetzen?

- Welche Modelle/Instrumente/Methoden aus der Interpersonellen Kommunikation lassen sich zur Förderung und Pflege der Beziehungen zu Anspruchsgruppen einsetzen?

- Welche Modelle/Instrumente/Methoden aus der Interpersonellen Kommunikation lassen sich zur Analyse der Beziehungen zwischen Anspruchsgruppen und Unternehmen einsetzen?

- Welche Modelle/Instrumente/Methoden aus der Interpersonellen Kommunikation können eingesetzt werden, wenn Konflikte mit Anspruchsgruppen drohen oder bereits vorhanden sind?

- Wie müssen Methoden/Übungen aus dem Bereich der Interpersonellen Kommunikation adaptiert werden, um sie für ein PR-Seminar verwenden zu können?

An diesen Forschungsfragen orientiert sich der gesamte folgende Prozess zur Erstellung eines Seminardesigns. Die genaue Beschreibung dieses Prozesses passiert im folgenden Kapitel.

2. Ablauf und Methode

Wie bereits erwähnt bilden die Ergebnisse aus der empirischen Untersuchung sowie der Modellentwurf von Wald (2012) wichtige Grundlagen für die Erstellung des Beziehungstrainings. Darüber hinaus werden selbstverständlich auch Literaturquellen herangezogen, um ein ausgewogenes Verhältnis zwischen empirischen Ergebnissen und theoretischen Ansätzen zu gewährleisten.

Die methodische Vorgehensweise für die Erstellung des Seminardesigns orientiert sich an dem Konzept der qualitativen Inhaltsanalyse nach Meuser und Nagel (2005). Die Inhaltsanalyse wurde für diesen Zweck jedoch stark modifiziert. Demnach sind nur noch einzelne Phasen aus der 5-stufigen Auswertungsmethode von Meuser und Nagel erkennbar. Es werden – wie oben erwähnt - empirische Ergebnisse und Literaturquellen herangezogen und auf relevante Inhalte untersucht. Anschließend werden Überschriften für diese relevanten Inhalte formuliert und Kategorien gebildet. In einem weiteren Schritt erfolgt ein Praxistransfer, indem den Kerninhalten Übungen und Theorien zugewiesen werden. Letztendlich wird aus diesen Komponenten ein Seminardesign geformt. Diese einzelnen Schritte werden nun ausführlicher erläutert.

Im folgenden Kapitel (Kerninhalte eines Beziehungstrainings) werden die Kerninhalte des Seminars benannt und genauer erläutert. Dies erfolgt im Sinne eines „Zusammentragens der wichtigsten Aspekte" noch ohne eine bestimmte Gliederung bzw. Ordnung. Erst am Ende dieses Kapitels erfolgt eine Gruppierung der Kerninhalte nach inhaltlichen Themengebieten.

Im daran anschließenden Kapitel (Theorieinputs und Übungen für ein Beziehungstraining) werden einigen der zuvor präsentierten Kerninhalten jeweils Übungen und theoretische Ansätze entgegengestellt. Dabei wird auch stets beurteilt, ob die Übungen direkt übernommen werden können oder auf den Themenbereich Public Relations adaptiert werden müssen. Es entsteht ein Sammelsurium an potenziellen Inhalten für ein Beziehungstraining. Darüber hinaus wird auch aufgezeigt, welcher Bedarf an neuen Methoden, Theorien oder Tools besteht. Somit soll auch ein Ideeninput für weitere Forschungen geleistet werden. Bei den Übungen wird entscheidend sein, welchen Zweck sie erfüllen bzw. welches Ziel mit ihnen erreicht werden kann. Die theoretischen Ansätze müssen ebenfalls auf den jeweiligen Zweck abgestimmt sein und in den Gesamtkontext passen.

Im abschließenden Kapitel (Seminardesign für ein Beziehungstraining) erfolgt eine systematische Gliederung der bis zu diesem Zeitpunkt erstellten Inhalte. Das Ergebnis wird ein Seminardesign sein, das aus Modulen und Kerninhalten sowie dazu passenden Übungen und Theorieinputs besteht. Dieses Seminardesign kann dann als Vorlage für konkrete Seminare dienen. Je nach Dauer und Form des Seminares können alle oder auch nur einzelne Module des Seminardesigns übernommen werden. Somit wird eine größtmögliche Flexibilität gewährleistet. Gleichzeitig werden ganz konkrete Module und Kerninhalte inkl. Übungs- und Theoriebeispielen angeboten.

Die tatsächliche Erstellung eines Seminars ist stark von der Zielgruppe und den zeitlichen Rahmenbedingungen abhängig. Mittels der soeben erläuterten Vorgehensweise entsteht ein modulares Seminardesign, das die Basis für verschiedenste Beziehungstrainings mit unterschiedlichen Teilnehmergruppen bilden kann.

3. Kerninhalte eines Beziehungstrainings

Innerhalb dieses Kapitels werden die Kerninhalte für ein Beziehungstraining zusammengetragen. Dabei erfolgt zuerst eine Herausarbeitung der wichtigsten Aspekte aus dem Abschnitt C (Theorie trifft Praxis). Anschließend werden diese Ausführungen mit Themen aus dem Theorieteil ergänzt.

Im ersten Kapitel von Abschnitt C wurde die Interpersonelle Kommunikation im Public Relations Alltag skizziert. Dabei wurde der gedankliche Durchlauf der Prozessphasen eines PR-Projektes komprimiert dargestellt (vgl. Wald 2012: 101). Die erste relevante Phase für ein Beziehungstraining stellen die Briefings mit dem Kunden dar. Folgende Aspekte können dabei als relevant bezeichnet werden:

- Beziehungsaufbau, Vertrauensaufbau, Empathie, richtiges Zuhören, Fragetechniken, Paraphrasieren, Methoden zur Analyse der Ist-Situation, Brainstorming-Methoden, Moderationsmethoden

In der Anfangsphase eines Projekts können Agenturen auch Fremdbilder über das Unternehmen von relevanten Zielgruppen einholen. Dabei können folgende Aspekte eine Rolle spielen:

- Interviews, Gruppendiskussionen, richtiges Zuhören, Fragetechniken, Paraphrasieren, Vertrauensaufbau, Glaubwürdigkeit

Die Inputs von Kunden und Zielgruppen werden agenturintern oft von Teams weiterbearbeitet. Bei dieser Zusammenarbeit können die folgenden Aspekte von Bedeutung sein:

- Kooperation, Team-Building, Zusammenarbeit, Brainstorming, Moderation, Konfliktmanagement

An dieser Stelle darf ein Hinweis auf das „Interne Beziehungsmanagement" nicht fehlen. „‚Internes Beziehungsmanagement' ist eine Möglichkeit, durch sorgfältige Analysen der Beziehungsstrukturen zwischen MitarbeiterInnen und deren Vorgesetzten, die Arbeitsbeziehungen, die Verständigung durch Kommunikation, das

Zufriedenheitsgefühl aller Beteiligten in einem Unternehmen zu verbessern." (Hinterauer 2012: 144) An der Universität Salzburg entstand zu diesem Thema jüngst eine umfassende Magisterarbeit von Julia Hinterauer (2012), mit dem Ziel das Interne Beziehungsmanagement zu erklären und abzugrenzen sowie für Unternehmen einsetzbar zu machen. Dieser wichtige Beitrag wird bei der Erstellung des Seminardesigns berücksichtigt.

In der Umsetzungsphase wird die Interpersonelle Kommunikation auch direkt in Form von PR-Instrumenten eingesetzt. Hier scheinen folgende Aspekte von Bedeutung zu sein:

- Begründung des Methodeneinsatzes, Basiswissen zu Methoden, Erfahrung in der Umsetzung von Methoden, Methoden evaluieren, Interventionen während der Methodenumsetzung

Die Interpersonelle Kommunikation kann auch lediglich dazu dienen, andere Maßnahmen einzuleiten oder anzustoßen. Dies könnte z. B. der Fall sein, wenn ein Journalistengespräch in einem redaktionellen Artikel münden soll. Hier sind wiederum andere Aspekte relevant:

- Vertrauensaufbau, Glaubwürdigkeit, Ehrlichkeit, Verständigung, Interessen erkennen, Überzeugung

In der Evaluationsphase schließt sich der Kreis. Hier kann wiederum eine Abfrage des Fremdbildes stattfinden. Die wichtigen Aspekte dabei wurden bereits genannt. Innerhalb des ersten Kapitels wurden auch Medientrainings thematisiert. Hierzu wurde festgehalten, dass ein Beziehungstraining auch Aspekte eines Medientrainings beinhalten könnte. Jedoch in einer Form, durch die vermittelt wird, wie sich Beziehungen zu Medienvertretern aufbauen, gestalten und analysieren lassen.

Im zweiten Kapitel von Anschnitt C wurden die Ergebnisse einer empirischen Untersuchung (Wald 2012) in zusammengefasster Form dargestellt. In den Ausführungen finden sich zahlreiche Inputs für ein Beziehungstraining. Der erste Themenschwerpunkt beschäftigt sich mit der Interpersonellen Kommunikation in der Public Relations.

Es wurde deutlich, dass es PR-Berater gibt, die Maßnahmen mit Anteilen an Interpersoneller Kommunikation sehr bewusst einsetzen. Andere PR-Praktiker wiederum machen dies nur intuitiv und nach Bauchgefühl. Das liegt – laut den Ausführungen – auch daran, dass der Wissensstand der PR-Berater hinsichtlich Interpersoneller Kommunikation so unterschiedlich ist. Folgende Aspekte sind dementsprechend für ein Seminar relevant:

- Basiswissen zu IPK-Maßnahmen vermitteln, Einsatzmöglichkeiten für IPK-Maßnahmen, Leistungen von IPK-Maßnahmen, Guidelines für den Einsatz von IPK-Maßnahmen, IPK-Maßnahmen vermitteln und erlebbar machen

Der zweite Themenschwerpunkt beschäftigte sich mit Beziehungen. Zum einen wurde erläutert, dass die Beziehungsebene zu Kunden – nach Watzlawick – als relevant bis sehr relevant betrachtet wird. Bezüglich Beziehungen zu Kunden zeichnete sich ein anderes Bild ab. Hierzu wurde ein Modellentwurf (Wald 2012: 148) dargestellt. Aus diesem Entwurf lassen sich folgende relevante Aspekte ableiten:

- Beziehungsaufbau und -pflege zu Kunden, Journalisten und Stakeholdern, Vertrauensaufbau und -pflege zu Kunden, Journalisten und Stakeholdern, Erkennen von Befindlichkeiten, Faktoren für eine gelungene Kommunikation, Konflikte erkennen, Konfliktmanagement

Der abschließende dritte Themenschwerpunkt in der empirischen Untersuchung beschäftigte sich mit der Ausbildung in Interpersoneller Kommunikation. Die Frage nach den Fähigkeiten, welche ein PR-Berater mitbringen sollte, beantworteten die Experten in der Untersuchung u. a. mit einer Reihe von Soft Skills (vgl. Wald 2012: 140) die direkt als wesentliche Aspekte für ein Beziehungstraining übernommen werden können:

- „Moderieren, zuhören, empathisch sein, inspirieren, Umgang mit Menschen, authentisch sein, Neugierde erhalten, überzeugen, begeistern, Perspektiven wechseln können." (Wald 2012: 140)

Diese wesentlichen Aspekte aus der empirischen Untersuchung sowie aus den Überlegungen zum PR-Prozess (beide Wald 2012) sollen nun noch durch Inputs aus der Literatur ergänzt werden. Ledingham beispielsweise verweist auf einen Wandel in der Public Relations, der auch die Form der Analyse und Evaluierung beeinflusst:

> The notion of public relations management presents a fundamental change in the function and direction of public relations, a movement away from traditional impact measurements, such as the quantity of communication messages produced or number of stories placed in the mass media, an toward evaluation of public relations initiatives based on their impact on the quality of the relationship between an organization and the publics with which it interacts. (Ledingham 2006: 466)

Diese Überlegung ist gerade für dieses Buch höchst relevant. Den Einfluss von PR-Initiativen auf die Beziehungsqualität mit den Stakeholdern zu evaluieren, erscheint als ein ausgesprochen fortschrittlicher Ansatz. Vor allem auch, weil die empirische Untersuchung ergab, dass „die Beziehungen zu den Zielgruppen in keiner Form aufgezeichnet, analysiert und bewertet werden" (Wald 2012: 134f.) Auch hier sollte ein Beziehungstraining ansetzen in dem die folgenden Punkte als relevante Aspekte festgehalten werden:

- Evaluierung, Analyse, Bewertung und Aufzeichnung der Beziehungsqualität zu Stakeholdern

Im Theorieteil zur Interpersonellen Kommunikation wurden einige Erfolgsfaktoren für gelungene Interpersonelle Kommunikation vorgestellt. Darunter die Phasen des Zuhörens, Feedback und kommunikative Kompetenz. Die Relevanz des Zuhörens wurde auch im Zuge der empirischen Untersuchung immer wieder von den Experten betont. Feedback geben und auch annehmen zu können, sollte eine Grundfähigkeit eines jeden PR-Beraters sein. Daher werden diese beiden Faktoren als relevante Seminarinhalte direkt vermerkt:

- Bewusstsein über Zuhören, Phasen des Zuhörens, Feedback geben, Feedback annehmen

Besonders PR-Berater sollten auch über ein gewisses Maß an kommunikativer Kompetenz verfügen. LeMar (2001: 138) formulierte dazu Handlungsoptionen, die zwar einen gewissen Ratgeber-Stil aufweisen, aber vielleicht sogar gerade deshalb direkt als relevante Seminarinhalte übernommen werden können:

- „Metakommunikation, Verantwortungsübernahme, Gefühle thematisieren, Ich-Botschaften senden, bewußt Vereinbarungen treffen und einhalten, Wahrnehmen und Ernstnehmen des Anderen" (LeMar 2001: 138)

Im Theorieteil zu den kommunikationsspezifischen Aspekten von Public Relations wurde die Integrierte Unternehmenskommunikation vorgestellt, in der die Interpersonelle Kommunikation u. a. als PR-Instrument eingesetzt wird oder innerhalb von Mitarbeiter-Schulungen zum Einsatz kommt. Die dialogorientierte Unternehmenskommunikation ist ein Konzept, das sich sehr gut mit der integrierten Unternehmenskommunikation verbinden lässt. Beide Ansätze in Kombination könnten den Rahmen für ein Seminar bilden, indem ein theoretischer Input zu moderner Public Relations eingeplant wird, in dem diese Konzepte thematisiert werden. Somit könnte ein Rahmen geschaffen werden, der den Teilnehmern eine Orientierung gibt. Daher werden die gesamten Ansätze als relevante Seminarinhalte festgehalten:

- Integrierte Unternehmenskommunikation, dialogorientierte Unternehmenskommunikation

Es folgt eine grobe Gliederung der festgehaltenen, relevanten Seminarinhalte. Dabei werden die Inhalte in Gruppen zusammengefasst und mit Überschriften versehen. Es werden alle Inhalte berücksichtigt, Doppelnennungen sind daher möglich. Es ergeben sich die folgenden Gruppen:

Beziehungsaufbau
- Beziehungsaufbau
- Beziehungsaufbau zu Kunden, Journalisten und Stakeholdern
- Vertrauensaufbau
- Vertrauenssaufbau zu Kunden, Journalisten und Stakeholdern
- Glaubwürdigkeit
- Ehrlichkeit
- Verständigung

Beziehungspflege

- Beziehungspflege zu Kunden, Journalisten und Stakeholdern
- Vertrauenspflege zu Kunden, Journalisten und Stakeholdern
- Umgang mit Menschen
- Faktoren für gelungene Kommunikation
- Konflikte erkennen
- Konfliktmanagement

Zuhören

- Empathie
- empathisch sein
- Interessen erkennen
- Erkennen von Befindlichkeiten
- Wahrnehmen und Ernstnehmen des Anderen
- Perspektiven wechseln können
- Neugierde behalten
- richtiges Zuhören
- zuhören
- Bewusstsein über Zuhören
- Phasen des Zuhörens
- Fragetechniken
- Paraphrasieren
- Feedback annehmen

Sprechen

- Überzeugung
- moderieren
- inspirieren
- authentisch sein
- überzeugen
- begeistern
- Feedback geben
- Metakommunikation
- Verantwortungsübernahme

- Gefühle thematisieren
- Ich-Botschaften senden
- bewußt Vereinbarungen treffen und einhalten

Agentur intern
- Kooperation
- Team-Building
- Zusammenarbeit
- Konfliktmanagement

Methoden – Erste Phase
- Methoden zur Analyse der Ist-Situation
- Brainstorming-Methoden
- Moderationsmethoden

Methoden – Zweite Phase
- Begründung des Methodeneinsatzes
- Basiswissen zu IPK-Maßnahmen vermitteln
- Basiswissen zu Methoden
- Einsatzmöglichkeiten für IPK-Maßnahmen
- Leistungen von IPK-Maßnahmen
- Guidelines für den Einsatz von IPK-Maßnahmen
- IPK-Maßnahmen vermitteln und erlebbar machen
- Erfahrung in der Umsetzung von Methoden
- Interventionen während der Methodenumsetzung

Methoden – Dritte Phase
- Methoden evaluieren
- Evaluierung
- Analyse
- Bewertung und Aufzeichnung der Beziehungsqualität zu Stakeholdern

Unternehmenskonzepte

- Integrierte Unternehmenskommunikation
- dialogorientierte Unternehmenskommunikation

Die dargestellten Gruppen weisen zahlreiche Inhalte auf, die für ein Seminar relevant sind. Es zeichnen sich auch drei Richtungen ab, die eine inhaltliche Trennung nahelegen. Zum einen lassen sich die Gruppen „Beziehungsaufbau", „Beziehungspflege", „Zuhören" und „Sprechen" thematisch unter dem Überbegriff „Beziehungen / Interpersonelle Kommunikation" zusammenfassen. Zum anderen können die drei „Methoden"-Gruppen mit der Gruppe „Unternehmenskonzepte" unter dem Überbegriff „Methoden der Interpersonellen Kommunikation" gemeinsam betrachtet werden. Die Gruppe „Agentur intern" wird als eigenständig betrachtet. Diesbezüglich ist die bereits erwähnte Magisterarbeit von Julia Hinterauer (2012) interessant, die die Inhalte für diesen Themenbereich zur Verfügung stellen könnte.

Alle Inhalte werden im Seminardesign, das im übernächsten Kapitel dargestellt wird, übernommen. Denn – wie bereits erwähnt – bezieht sich der Titel „Beziehungstraining" auf die Aufgabe der Public Relations, Beziehungen zu managen und dazu gehören auch die Inhalte aus den „Methoden"-Gruppen sowie die Inhalte der Gruppe „Unternehmenskonzepte". Die Inhalte, die unter dem Überbegriff „Beziehung / Interpersonelle Kommunikation" zusammengefasst werden können, sind dem Kernthema dieses Buches aber trotzdem etwas näher. Daher werden im nächsten Kapitel aus diesen Gruppen Inhalte ausgewählt und mit Übungen und Theorien ergänzt.

4. Theorieinputs und Übungen für ein Beziehungstraining

Im vorliegenden Kapitel werden exemplarisch insgesamt acht Inhalte aus dem vorhergehenden Kapitel ausgewählt – zwei Inhalte pro Gruppe aus dem Themenbereich „Beziehung / Interpersonelle Kommunikation" – und mit Übungen und Theorien ergänzt. Es folgt bewusst eine Einschränkung auf acht Inhalte, da in erster Linie die Vorgehensweise demonstriert werden soll. An dieser Stelle sei jedoch erwähnt, dass ein Seminar, dass alleine diese Inhalte und die dazu präsentierten Übungen und Theorien vermitteln soll, bereits mindestens zwei ganze Tage in Anspruch nehmen würde und somit bereits als Wochenendseminar am Markt angeboten werden könnte. Viel mehr geht es aber - wie gesagt - darum, exemplarisch darzustellen, wie ein Beziehungstraining entwickelt werden kann. Da alle Inhalte aus dem vorherigen Kapitel als relevant erachtet werden, könnte daraus eine ganze Seminarreihe oder auch eine Ausbildung entwickelt werden.

Die nun folgenden Theorieinputs werden auch innerhalb des Fließtextes dargestellt, wenn der Umfang es zulässt. Um eine Übersicht zu gewährleisten, befinden sich alle Theorieinputs im Anhang dieses Buches. Die dazugehörenden Übungen werden lediglich beschrieben, sie befinden sich zur Gänze im Anhang (Übungen/Trainerleitfäden). Sämtliche Quellenangaben der Theorieinputs und Übungen werden direkt und ausschließlich in den jeweiligen Anhängen angeben.

Die erste Gruppe und die daraus ausgewählten Inhalte lauten:

Beziehungsaufbau
- Beziehungsaufbau
- Verständigung

Wie im Laufe dieses Buches erläutert, sollte stets eine Trennung zwischen den Begriffen „Beziehungsebene" und „Beziehung" erfolgen. Nichtsdestotrotz ist eine funktionierende Beziehungsebene eine Grundvoraussetzung, dass eine professionelle oder aber auch persönliche Beziehung aufgebaut werden kann. Daher soll den PR-Beratern das Modell „Nachrichtenquadrat" (siehe Abb. 3) und das dazugehörige Modell „der vierohrige Empfänger" " (siehe Abb. 4) von Schulz von Thun nähergebracht werden (siehe auch Anhang: Theorieinput 1). Somit sind die Seminarteilnehmer in der Lage Kommunikationssituationen zu analysieren und etwaige Konfliktquellen zu erkennen.

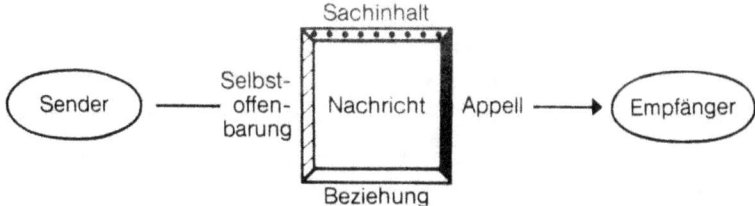

Abb. 3: Nachrichtenquadrat (Quelle: Schulz von Thun 2010: 30, siehe Theorieinput 1)

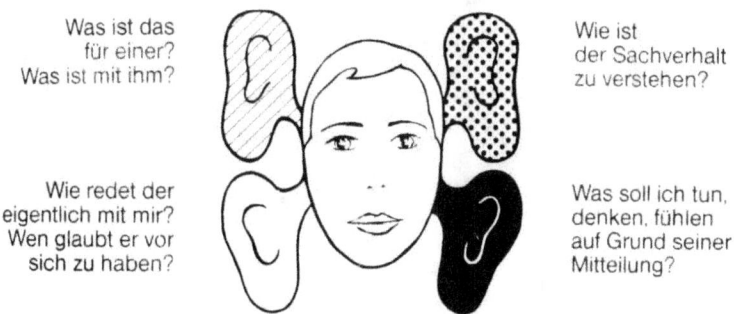

Abb. 4: Der vierohrige Empfänger (Quelle: Schulz von Thun 2010: 45, siehe Theorieinput 1)

Das Nachrichtenquadrat wird auch in eine praktische Übung integriert. Davor soll ihnen noch ein weiterer Theorieinput vermittelt werden, indem es darum geht, Gespräche mit dem Nachrichtenquadrat gezielt vorzubereiten (siehe Anhang: Theorieinput 2). In der Übung „Schwieriges Gespräch mit Nachrichtenquadrat", die speziell für dieses Buch entwickelt wurde, können die PR-Berater ihr Wissen gleich in einem praktischen Beispiel anwenden (siehe Anhang: Trainerleitfaden 1). Es geht darum, ein schwieriges Kundengespräch mit Hilfe des Theorieinputs vorzubereiten und mit einem anderen Teilnehmer zu üben. Die Berater schlüpfen dabei abwechselnd in die Rollen des PR-Beraters und des Kunden.

Um Verständigung erzielen zu können, bedarf es auch immer einer Verständlichkeit der kommunizierten Inhalte. Daher wurde als Theorieinput zu diesem Thema ein Verständlichkeitsmodell von Krön (siehe Abb. 5) gewählt, um verständlichkeitsfördernde und verständlichkeitshindernde Faktoren zu veranschaulichen (siehe auch Anhang: Theorieinput 3). Das Modell ist besonders hilfreich, da es auf schriftliche als auch auf gesprochene Texte anwendbar ist. Dieser Theorieinput soll auch gleich in die Praxis umgesetzt werden, indem die Seminarteilnehmer eine Kurzrede nach dem 5-Schritt-Modell präsentieren. Das 5-Schritt-Modell (siehe Anhang: Theorieinput 4) trägt durch die Strukturierung der Rede ebenfalls zur Verständlichkeit bei. Der Trainerleitfaden zur Kurzrede befindet sich ebenfalls im Anhang (siehe Anhang: Trainerleitfaden 2).

	VERSTÄNDLICHKEIT	
A	**Einfachheit** kurze Sätze, bekannte Wörter, anschaulich	**Kompliziertheit** lange Sätze, unbekannte Wörter, unanschaulich
B	**Übersichtlichkeit** gegliedert, folgerichtig, alles der Reihe nach, Wichtiges ist hervorgehoben	**Unübersichtlichkeit** ungegliedert, zusammenhanglos, alles durcheinander, Wichtiges und Unwichtiges ist nicht auszumachen
C	**Kürze** knapp, nur das Wesentliche, kurz und bündig	**Weitschweifigkeit** ausführlich, viele Nebensächlichkeiten, breit und umständlich
D	**Anregung** lebendig, interessant, persönlich	**Keine Anregung** nüchtern, sachlich, unpersönlich

Abb. 5: Verständlichkeit (Quelle: Krön o.J.: o.S., siehe Anhang Theorieinput 3)

Die zweite Gruppe und die daraus ausgewählten Inhalte lauten:

Beziehungspflege
- Faktoren für gelungene Kommunikation
- Konfliktmanagement

Unter den „Faktoren für gelungene Kommunikation" wurde im Theorieteil u. a. das Konzept der kommunikativen Kompetenz präsentiert. Diese Inhalte sollen auch den Seminarteilnehmern mittels Theorieinput nähergebracht werden (siehe Anhang: Theorieinput 5). Eine Fähigkeit, die unter kommunikativer Kompetenz angeführt wurde, ist das Versenden von Ich- anstelle von Du-Botschaften. Für PR-Berater ist dieser Aspekt vor allem in der internen Teamarbeit von Bedeutung. Denn im Zuge des täglichen miteinander Arbeitens sind Vorwürfe in der Du-Form sicherlich keine Seltenheit. Zu diesem Thema wurde die Übung „Ich-Botschaften" ausgewählt, in der die Teilnehmer im Plenum Du-Botschaften zu Ich-Botschaften umformulieren und die dahinterliegenden Interessen und Gefühle thematisieren (siehe Anhang: Trainerleitfaden 3).

Zum Thema Konfliktmanagement soll den PR-Beratern ein Modell vermittelt werden, mit dessen Hilfe sie Beziehungen analysieren und Konfliktquellen erkennen können. Für diesen Zweck wurde die Transaktionale Analyse (siehe Abb. 6) von Schulz von Thun ausgewählt (siehe auch Anhang: Theorieinput 6).

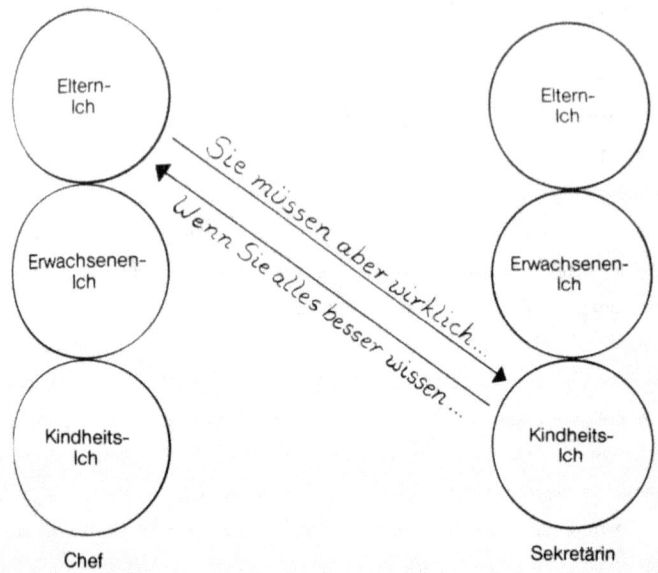

Abb. 6: Transaktionale Analyse (Quelle: Schulz von Thun 2010: 173, siehe Anhang Theorieinput 6)

Das Modell ist einfach zu verstehen und kann bei Konflikten sehr hilfreich sein. In der Übung sollen die Seminarteilnehmer in die Situation eines Konfliktes hineinversetzt werden, um sich selbst und die anderen dabei erleben zu können. Dafür wurde die „Laptop"-Übung ausgewählt, bei der sich die Mitarbeiter einer Abteilung darüber einigen müssen, wer den einzigen neuen Laptop bekommen soll. Da es hier um Konflikterleben geht und weniger um das Streitthema, wurde diese Übung nicht modifiziert (siehe Anhang: Trainerleitfaden 4).

Die dritte Gruppe und die daraus ausgewählten Inhalte lauten:

Zuhören
- zuhören
- Fragetechniken

Dem Inhalt „zuhören" werden an dieser Stelle gleich zwei Theorieinputs zugeordnet. Zum einen die „Phasen des Zuhörens" von DeVito (2000: 57), die bereits im

Theorieteil des Buches dargestellt wurden. Da die „Phasen des Zuhörens" sehr gut den Prozess veranschaulichen und Bewusstsein für die einzelnen Phasen schaffen. Ein weiterer Theorieinput, der als sehr praktikabel für die Public Relations erachtet wird, ist die Darstellung zu „Aktiv Zuhören" von Marti (siehe Abb. 7 sowie Anhang: Theorieinput 7).

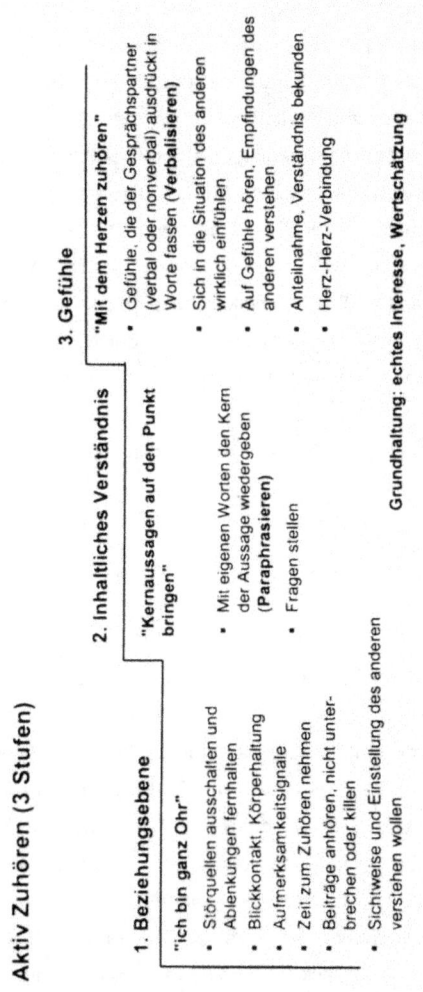

Abb. 7: Aktiv Zuhören (Quelle: Marti 2008: 39, siehe Anhang Theorieinput 7)

Dieses Modell vermittelt in wenigen Worten die relevanten Aspekte des aktiven Zuhörens. Als Übung zum Thema Zuhören wurde das DISG-Kommunikationsprofil ausgewählt, das in Form eines Papers von Komunariko übernommen wurde. Dieser Selbsttest bietet den PR-Beratern die Gelegenheit ihr eigenes Zuhören zu analysieren und zu reflektieren (siehe Anhang: Trainerleitfaden 5).

Zum Thema Fragetechniken wurde ein Beitrag von Krawiec mit dem Titel „Fragetechniken für Trainer 2" als Theorieinput herangezogen. Bei genauerer Betrachtung fiel auf, dass sich die Fragen grundsätzlich nicht von jenen Fragen unterscheiden, die auch bei einem Kundengespräch gestellt werden können. Daher wurde der Beitrag nur leicht modifiziert sowie angepasst und findet sich als „Fragetechniken für PR-Berater" im Anhang wieder (siehe Anhang: Theorieinput 8). Die Beispielfragen wurden natürlich auch auf den PR-Kontext angepasst. Zu diesem Thema wurde eine eigene Übung entwickelt. In der Übung „das Briefinggespräch" sollen die PR-Berater die vorgestellten Fragetechniken ausprobieren und umsetzen (siehe Anhang: Trainerleitfaden 6). Dabei geht es – wie der Name schon verrät – um ein Briefinggespräch mit einem Neukunden.

Die vierte Gruppe und die daraus ausgewählten Inhalte lauten:

Sprechen
- moderieren
- Feedback geben

Informelle Gespräche zu moderieren hat nicht zwingend etwas mit der Methode Moderation zu tun, die nach einem klaren Stufenplan abläuft. Dennoch kann ein Beherrschen dieser Methode auch dazu führen, informelle Gespräche besser moderieren und strukturieren zu können. Im PR-Alltag sind sowohl das informelle Moderieren eines Gesprächs als auch der Einsatz der Methode Moderation denkbar. Deshalb wird ein Theorieinput von Rohrmoser und Horngacher vorgeschlagen, der die Schritte einer Moderation beschreibt (siehe Anhang: Theorieinput 9). Da dieses Paper sehr praxisnah ist und die einzelnen Schritte genau beschreibt, wurde eine dazu passende Übung entwickelt, die eine reale Situation im PR-Alltag widerspiegeln soll. Die Übung trägt den Namen „Die Moderation im PR-Kontext" (siehe Anhang: Trainerleitfaden 7).

Zuletzt wird der Inhalt „Feedback geben" mit einem Theorieinput und einer Übung ergänzt. Der dazu passende Theorieinput wurde bereits im Theorieteil des Buches vorgestellt, es handelt sich um das Paper „Feedback – Regeln" vom Beratungsunternehmen Komunariko (siehe Anhang: Theorieinput 10). Das Paper vermittelt sehr umfassend und genau beschrieben wie Feedback im Idealfall formuliert und angenommen werden sollte. Die dazu ausgewählte Übung trägt den Titel „Feedback in drei Schritten" und stammt von Schmiedt (siehe Anhang: Trainerleitfaden 8). Durch diese Übungen lernen die Teilnehmer zwischen Wahrnehmungen und Interpretationen bzw. Fantasien zu unterscheiden. Das schärft das Bewusstsein für Rückmeldungen an bzw. von Kunden oder Stakeholder.

5. Seminardesign für ein Beziehungstraining

In diesem Kapitel erfolgt eine systematische Gliederung der ausgewählten Seminarinhalte in Form eines Seminardesigns. Das Beziehungstraining besteht aus drei verschiedenen Seminar-Teilen: Teil 1 „Methoden der Interpersonellen Kommunikation", Teil 2 „Beziehungen und Interpersonelle Kommunikation" und Teil 3 „Internes Beziehungsmanagement". Diese ersten beiden wiederum beinhalten Module, Kerninhalte und zum Teil auch Theorieinputs und Übungen. Das Seminardesign kann als Vorlage für konkrete Seminare dienen. Je nach Dauer und Form des Seminares können alle oder einzelne Module des Seminardesigns übernommen werden. Somit wird eine größtmögliche Flexibilität gewährleistet.

Beziehungstraining

Teil 1: Methoden der Interpersonellen Kommunikation

Der erste Teil des Beziehungstrainings besteht aus folgenden Modulen und dazugehörigen Kerninhalten:

Seminarteil 1: Methoden der Interpersonellen Kommunikation

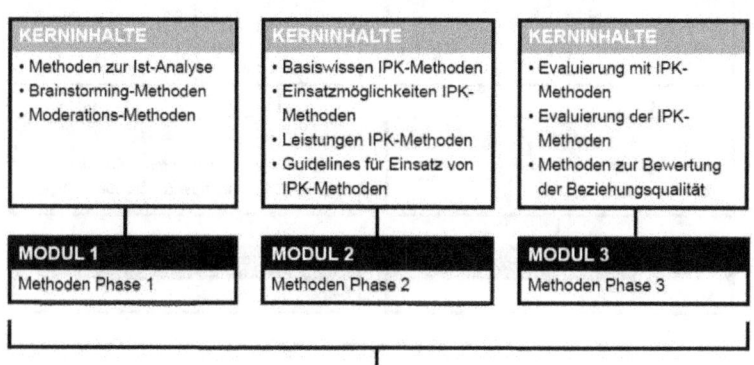

Aufbaumodule: Prozessphasen eines PR-Projektes

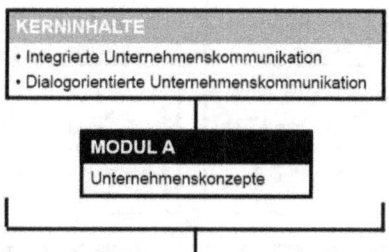

Basismodul: Ansätze zur Unternehmenskommunikation

Abb. 8: Teil 1: Methoden der Interpersonellen Kommunikation (Quelle: eigene Darstellung)

Beziehungstraining

Teil 2: Beziehungen und Interpersonelle Kommunikation

Der zweite Teil des Beziehungstrainings besteht aus folgenden Modulen und dazugehörigen Kerninhalten, Theorieinputs und Übungen:

Seminarteil 2: Beziehungen und Interpersonelle Kommunikation

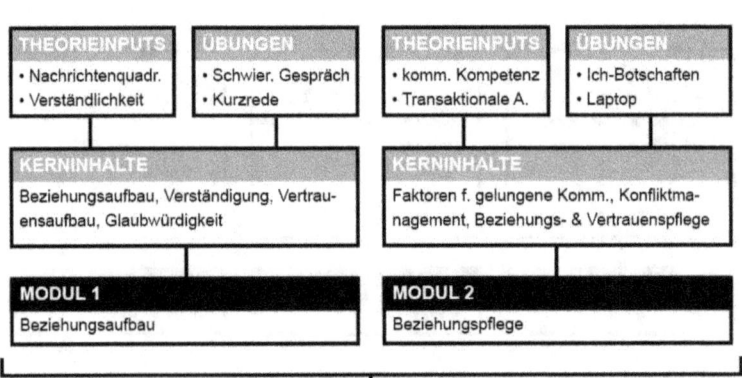

Aufbaumodule: Beziehungspflege und -aufbau

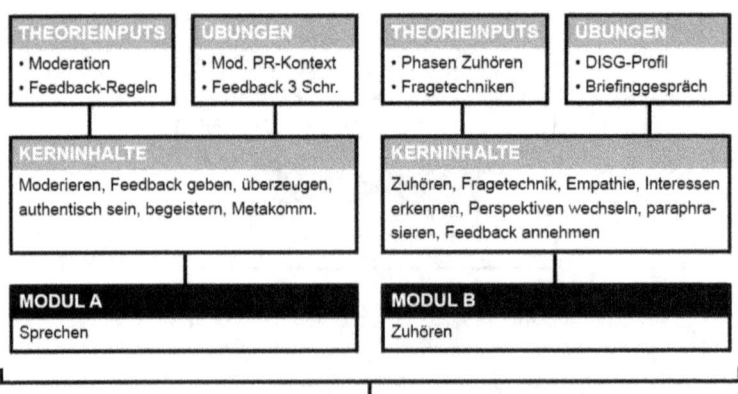

Basismodule: Zuhören und Sprechen

Abb. 9: Teil 2: Beziehungen und Interpersonelle Kommunikation (Quelle: eigene Darstellung)

Beziehungstraining

Teil 3: Internes Beziehungsmanagement

Wie bereits erwähnt könnten die Inhalte der Magisterarbeit von Julia Hinterauer (2012) als Basis für einen dritten Teil des Beziehungstrainings mit Fokus auf das Interne Beziehungsmanagement herangezogen werden. Diese Möglichkeit soll an dieser Stelle jedoch nur angedacht und nicht weiter verfolgt werden.

E. Resümee

Der vorliegende Abschnitt umfasst zunächst eine Zusammenfassung der letzten beiden Abschnitte dieses Buches. Die Inhalte des Theorieteils wurden bereits zusammengefasst wiedergegeben. Anschließend wird ein persönliches Fazit gezogen und ein Ausblick gewagt.

1. Zusammenfassung

Im Abschnitt C (Theorie trifft Praxis) wurde zunächst veranschaulicht, in welchen Situationen die Interpersonelle Kommunikation in der Public Relations eine Rolle spielt. Dazu wurden Ausführungen von Wald (2012: 101) präsentiert, der mit Hilfe der Prozessphasen aus dem Analyse- und Entscheidungsrad vom Immerschitt (2009: 60) herausfand, dass die Interpersonelle Kommunikation in allen Phasen ein relevanter Faktor sein kann. Das bedeutet, dass Interpersonelle Kommunikation in der Planungs-, Umsetzungs- und Evaluationsphase eingesetzt werden kann und eingesetzt wird. Das gilt auch für die sogenannten Medientrainings, im Zuge dessen Geschäftsführer oder Pressesprecher auf mögliche oder konkrete Medienauftritte vorbereitet werden. Es wurde ersichtlich, dass diese Trainings keine Hinweise beinhalten, wie Beziehungen aufgebaut, gestaltet oder analysiert werden können. Zusammenfassend wurde in diesem Kapitel festgehalten, dass die Interpersonelle Kommunikation als geplantes PR-Instrument eingesetzt wird, im Zuge der Projektabwicklung mit Kunden, Zielgruppen und Mitarbeitern passiert oder innerhalb von Trainings und Seminaren Verwendung findet.

Im zweiten Kapitel von Abschnitt C wurden die Ergebnisse einer empirischen Untersuchung (Wald 2012) präsentiert. Im Rahmen dieser Untersuchung wurden drei Themenschwerpunkte näher betrachtet: „Interpersonelle Kommunikation in der Public Relations", „Beziehungen in der Public Relations" und „Ausbildung in Interpersoneller Kommunikation". Im Zuge des Kapitels wurden jene Ergebnisse präsentiert, die für ein Beziehungstraining als relevant betrachtet wurden. Dabei wurde auch ein Modellentwurf (Wald 2012: 148) dargestellt, der einen Öffentlichkeitsarbeiter und einen Public Relations-Manager abbildet und diese beiden Typen hinsichtlich ihrer Beziehungen und Arbeitsweisen charakterisiert.

Im empirischen Teil wurden zunächst die Hintergründe für den gewählten Seminartitel veranschaulicht und erklärt, dass das Beziehungstraining Public Relations als das Management von Beziehungen betrachtet. Anschließend wurden die Forschungsfragen wiederholt und der Ablauf und die Methode der Entwicklung des Seminardesigns erklärt.

Im dritten Kapitel des empirischen Teils wurden die Kerninhalte für das Beziehungstraining bestimmt. Dazu wurden die wichtigsten Aspekte des Abschnitts C (Theorie trifft Praxis) herausgearbeitet. Anschließend wurden die Inhalte mit weiteren relevanten Themen aus dem Literaturteil ergänzt. Letztendlich wurden die Kerninhalte in thematische Gruppen zusammengefasst. So entstanden neun Gruppen: Beziehungsaufbau, Beziehungspflege, Zuhören, Sprechen, Agentur intern, Methoden - Erste Phase, Methoden - Zweite Phase, Methoden - Dritte Phase und Unternehmenskonzepte.

Daran anschließend wurden acht Kerninhalte ausgewählt, zu denen Theorieinputs und Übungen entwickelt oder recherchiert wurden. Allen acht Kerninhalten wurden letztendlich jeweils mindestens ein Theorieinput und eine Übung zugeteilt. Im Zuge dessen konnten einige Übungen direkt übernommen werden, andere mussten überarbeitet werden und zum Teil mussten auch ganz neue Übungen für den PR-Kontext entwickelt werden.

Abschließend wurde ein Seminardesign für das Beziehungstraining erstellt, dass drei Teilseminare umfasst: Teil 1 „Methoden der Interpersonellen Kommunikation", Teil 2 „Beziehungen und Interpersonelle Kommunikation" und Teil 3 „Internes Beziehungsmanagement". Die beiden ersten Teilseminare umfassen Module und Kerninhalte. Wobei acht Kerninhalte des zweiten Teilseminars – wie bereits erwähnt – mit Theorieinputs und Übungen ergänzt wurden. Dieses Seminardesign kann als Vorlage für konkrete Seminare dienen. Je nach Zeitrahmen können alle oder einzelne Module übernommen werden.

2. Fazit

Schon zu Beginn der Literaturrecherche für dieses Buch wurde klar, dass es bereits Unternehmenskonzepte gibt, die als überaus erstrebenswert bezeichnet werden können. Beispielsweise der Stakeholderansatz oder die dialogorientierte Unternehmenskommunikation sind fortschrittliche Konzepte, bei denen die Menschen (und nicht nur die Shareholder) im Mittelpunkt stehen. Eines haben diese zeitgemäßen Ansätze alle gemeinsam, sie setzen auf Dialog und somit auf den bewussten Einsatz von Interpersoneller Kommunikation.

Die Interpersonelle Kommunikation scheint in der Public Relations zwar ohnehin schon allgegenwärtig zu sein. Doch findet sie oft nur unbewusst und unreflektiert statt und wird als selbstverständlich abgetan. Das Bewusstsein für dieses Themengebiet unter den PR-Beratern zu erhöhen, wäre sicherlich ein erster Schritt, um diese Umstand zu optimieren. Denn die Interpersonelle Kommunikation ist ein Erfolgsfaktor für Unternehmen und macht es möglich wichtige Inputs von Stakeholdern zu bekommen. Es wäre nicht verwunderlich, wenn jene Unternehmen, die jetzt schon up to date im Bezug auf den Einsatz von Interpersoneller Kommunikation sind, auch jene Unternehmen sein werden, die zukünftig am erfolgreichsten am Markt bestehen.

Innerhalb dieses Buches war ein ganz wesentlicher Schritt, mögliche Kerninhalte für ein Beziehungstraining zu identifizieren. Dabei wurde schnell ersichtlich, dass empirische Ergebnisse und die Literatur mehr als genug Inputs anbieten. Herausgekommen sind zahlreiche Kerninhalte, die den großen Bedarf der Public Relations an Interpersoneller Kommunikation symbolisieren.

Die Entwicklung des Beziehungstrainings stellte den ersten Versuch dar, ein maßgeschneidertes Seminar für die Public Relations im Bereich der Interpersoneller Kommunikation zu gestalten. Das Beziehungstraining könnte ein wichtiger Ansatz sein, in Richtung Professionalisierung der Interpersonellen Kommunikation in der Public Relations. Und die Professionalisierung in diesem Bereich kann wiederum positiv zum gesamten Professionalisierungsprozess der Public Relations beitragen.

Das Beziehungstraining soll weiterentwickelt und in der Praxis eingesetzt werden. Ich persönlich bin von der Sinnhaftigkeit eines solchen Trainings überzeugt und glaube, dass es großen Anspruch finden kann, wenn es letztendlich in einer ansprechenden Form am Markt angeboten wird. Auf der anderen Seite wäre es auch sehr erfreulich, wenn Universitäten, die PR-Praktiker ausbilden, diese Inhalte in ihre Ausbildung integrieren würden.

3. Ausblick

Im Zuge dieses Buches konnten bereits Theorieinputs und Übungen für mehrere Kerninhalte zusammengestellt bzw. entwickelt werden. So gesehen blieb der erste Teil des Beziehungstrainings mit dem Titel „Methoden der Interpersonellen Kommunikation" quasi noch unberührt. Besonders wenn es darum geht, Methoden der Interpersonellen Kommunikation für die Public Relations zu modifizieren, bedarf es noch an umfangreichen Überlegungen.

Die Idee, Guidelines für den Einsatz der Interpersonellen Kommunikation zu erstellen, könnte von den PR-Praktikern dankbar angenommen werden. Denn wie bereits beschrieben, passiert der Einsatz oftmals intuitiv und aus dem Bauch heraus. Es besteht noch viel Potenzial, was den gezielten Einsatz von speziell entwickelten Methoden aus dem Bereich der Interpersonellen Kommunikation betrifft.

Es wäre auch vorstellbar, das erstelle Seminardesign Experten vorzulegen, um eine Bewertung einzuholen. So könnte das Design noch optimiert, ergänzt und geändert werden.

Dieses Buch soll andere Autorinnen und Autoren dazu anregen, sich mit diesem Themengebiet auseinanderzusetzen. Sie soll auch ein Anstoß sein, um über eine einheitliche Ausbildung für alle PR-Praktiker nachzudenken, in der das Beziehungstraining ein Teil sein könnte.

F. Quellenverzeichnis

1. Literaturangaben

Beck, Klaus (2010): Kommunikationswissenschaft. 2., überarbeitete Auflage. Konstanz: UVK.

Bentele, Günter/Steinmann, Horst/Zerfaß, Ansgar (Hg.) (1996): Dialogorientierte Unternehmenskommunikation. Grundlagen - Praxiserfahrungen - Perspektiven. Berlin: Vistas.

Bentele, Günter/Steinmann, Horst/Zerfaß, Ansgar (1996): Dialogorientierte Unternehmenskommunikation. Ein Handlungsprogramm für die Kommunikationspraxis. In: Bentele, Günter/Steinmann, Horst/Zerfaß, Ansgar (Hg.) (1996): Dialogorientierte Unternehmenskommunikation. Grundlagen - Praxiserfahrungen - Perspektiven. Berlin: Vistas, S. 447 - 463.

Bogner, Alexander (Hg.) (2005): Das Experteninterview: Theorie, Methode, Anwendung. Wiesbaden: VS, Verlag für Sozialwissenschaften.

Bohm, David (2008): Der Dialog. Das offene Gespräch am Ende der Diskussionen. Stuttgart: Klett-Cotta.

Botan, Carl H./Hazleton, Vincent (Hg.) (2006): Public Relations Theory II. Mahwah: Erlbaum.

Bruhn, Manfred (2009): Integrierte Unternehmens- und Markenkommunikation. Strategische Planung und operative Umsetzung. 5., überarbeitete und aktualisierte Auflage. Stuttgart: Schäffer-Poeschl.

Bruhn, Manfred/Schmiedt, Siegfried J./Topp, Jörg (Hg.) (2000): Integrierte Kommunikation in Theorie und Praxis. Betriebswirtschaftliche und kommunikationswissenschaftliche Perspektiven. Wiesbaden: Gabler.

Burkart, Roland (2002): Kommunikationswissenschaft. Grundlagen und Problemfelder. 4., überarbeitete und aktualisierte Auflage. Wien: Böhlau.

Cutlip, Schott M./Center, Allen H./Broom, Glen M. (1994): Effective Public Relations. 7. überarbeitete und aktualisierte Auflage. London: Prentice-Hall International.

DeVito, Joseph A. (2000): Human Communication. The Basic Course. 8., überarbeitete und aktualisierte Auflage. New York: Addison-Wesley.

Hartdegen, Karsten (2005): Förderung der kommunikativen Kompetenz im schulischen Teil der beruflichen (Erst-) Ausbildung (sozial-) pflegerischer Berufe durch den Einsatz von videounterstützten Rollenspielen. Studienarbeit. München: Grinn.

Hinterauer, Julia (2012): Internes Beziehungsmanagement in Unternehmen. Analysen und Instrumente um Beziehungen in Unternehmen erkennen und verbessern zu können. Universität Salzburg: Unveröffentlichte Magisterarbeit.

Höflich, Joachim R. (1996): Technisch vermittelte interpersonale Kommunikation. Grundlagen, organisatorische Medienverwendung, Konstitution „elektronischer Gemeinschaften". Opladen: Westdeutscher Verlag.

Immerschitt, Wolfgang (2009): Profil durch PR. Strategische Unternehmenskommunikation – vom Konzept zur CEO-Positionierung. Wiesbaden: Gabler.

Kalbsfleisch, Pamela J. (Hg.) (2005): Communication Yearbook 29. Mahwah: Lawrence Erlbaum.

Koolwijk, Jürgen van/Wieken-Mayser, Maria (Hg.) (1974): Techniken der empirischen Sozialforschung, Bd. 3: Erhebungsmethoden: Beobachtung und Analyse von Kommunikation. München: Oldenbourg.

Kunczik, Michael/Zipfel, Astrid (2005): Publizistik. Ein Studienhandbuch. 2., durchgesehene und aktualisierte Auflage. Köln: Böhlau.

Ledingham, John A. (2006): Relationship Management: A General Theory of Public Relations. In: Botan, Carl H./Hazleton, Vincent (Hg.): Public Relations Theory II. Mahwah: Erlbaum, S. 465-483.

LeMar, Bernd (2001): Menschliche Kommunikation im Medienzeitalter. Im Spannungsfeld technischer Möglichkeiten und sozialer Kompetenz. Berlin: Springer.

Lippman, Walter (1994): Media and Media Relations. In: Cutlip, Schott M./Center, Allen H./Broom, Glen M. (Hg.): Effective Public Relations. 7. überarbeitete und aktualisierte Auflage. London: Prentice-Hall International, S. 259-315.

Lischka, Andreas (2000): Dialogkommunikation im Rahmen der Integrierten Kommunikation. In: Bruhn, Manfred/Schmiedt, Siegfried J./Topp, Jörg (Hg.): Integrierte Kommunikation in Theorie und Praxis. Betriebswirtschaftliche und kommunikationswissenschaftliche Perspektiven. Wiesbaden: Gabler, S. 47 - 63.

Marti, Stefan (2008): Toolbox Führung. Nützliche Werkzeuge und Modelle für Führungskräfte und Projektleiter. Winterberg: Marti.

Mast, Claudia (2010): Unternehmenskommunikation. Ein Leitfaden. 4. neue und erweiterte Auflage. Stuttgart: Lucius.

Meuser, Michael/Nagel, Ulrike (2005): ExpertInneninterview – vielfach erprobt, wenig bedacht. In: Bogner, Alexander (Hg.) (2005): Das Experteninterview: Theorie, Methode, Anwendung. Wiesbaden: VS, Verlag für Sozialwissenschaften, S. 72-93.

Payer, Helga (2010): Interpersonelle Kommunikation als Dimension der Public Relations. Theoretischer Entwurf und praxisorientierte Perspektiven. Unveröffentlichte Dissertation, Salzburg.

Ruler, Betteke van/Vercic, Dejan (2005): Reflective Communication Management, Future Ways for Public Relations Research. In: Kalbsfleisch, Pamela J. (Hg.): Communication Yearbook 29. Mahwah: Lawrence Erlbaum, S. 239-273.

Scherer, Klaus (1974): Beobachtungsverfahren zur Mikroanalyse non-verbaler Verhaltensweisen. In: Koolwijk, Jürgen van/Wieken-Mayser, Maria (Hg.): Techniken der empirischen Sozialforschung, Bd. 3: Erhebungsmethoden: Beobachtung und Analyse von Kommunikation. München: Oldenbourg, S. 66 - 109.

Schulz von Thun, Friedemann (2010): Miteinander Reden 1. Störungen und Klärungen. Hamburg: Rowohlt.

Wald, Joachim E. (2012): Miteinander Beziehungen führen. Die Interpersonelle Kommunikation als der (immer noch) unterschätzte Schlüsselfaktor der Public Relations. Salzburg: Unveröffentlichte Magisterarbeit.

Weder, Franzisca (2010): Organisationskommunikation und PR. Wien: Facultas.

Werlen, Erika/Weskamp, Ralf (2007): Kommunikative Kompetenz und Mehrsprachigkeit. Diskussionsgrundlagen und unterrichtspraktische Aspekte. Baltmannsweiler: Schneider.

2. Sonstige Quellen

Komunariko (2010): Feedback - Regeln. Unveröffentlichtes Paper. (siehe Anhang: Theorieinput 10: Paper „Feedback – Regeln")

Krön, Richard (o.J.): Verständlichkeit. Unveröffentlichtes Paper. (siehe Anhang: Theorieinput 3: „Verständlichkeit")

Lueginger, Elisabeth/Renger, Rudolf (2009): Die Methode der Metaanalyse. Sekundär-, literatur und metaanalytische Verfahren im Vergleich. Universität Salzburg: Unveröffentlichtes Paper.

Steinbach, Anne (2012): Gordon, Familien-, Beziehungs- und Lehrertraining. Online unter: http:///www.anne-steinbach.com/indes232.htm (15.03.2012)

G. Anhang

1. Theorieinputs

1.1 Theorieinput 1: Nachrichtenquadrat und vierohriger Empfänger

Quelle: Schulz von Thun, Friedemann (2010): Miteinander reden 1. Störungen und Klärungen. Reinbek: Rowohlt.

Das Nachrichtenquadrat

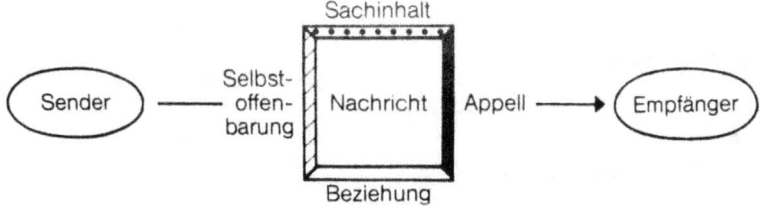

Der vierohrige Empfänger

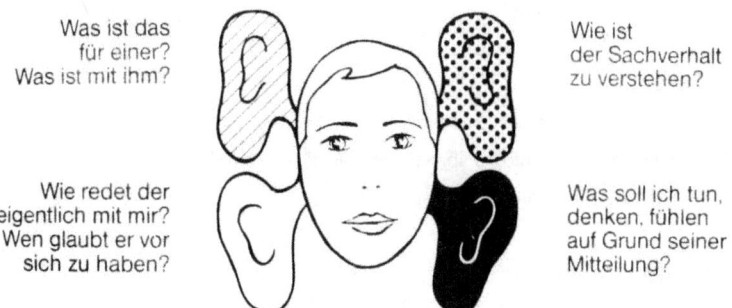

113

1.2 Theorieinput 2: Gespräche mit dem Nachrichtenquadrat

Quelle: Paper erstellt von Petra Bühler mit Verweis auf Schmidt. Paper online unter: http://www.sven-jahn.de/images/8/8e/Kommunikation_Teil_3.pdf (30.03.2012)

Gespräche mit dem Nachrichtenquadrat gezielt vorbereiten

Wenn Sie wichtige und/oder schwierige Gespräche vor sich haben, lohnt es sich, 20 Minuten für die gezielte Vorbereitung zu investieren. Das ist weniger Zeit, als Menschen oftmals dafür aufwenden, sich mit Konflikten zu beschäftigen, die durch misslungene Gespräche entstanden sind (z. B. darüber nachgrübeln, sich ärgern, mit Dritten darüber reden).

Die Vorbereitungsschritte:

1. Appellseite:
- Was ist mein Ziel? Was will ich erreichen?
- Was ist mein Maximal-, was mein Minimalziel?

Die Ziele sollten
- von Ihnen selbst initiiert werden können.
- realistisch und überprüfbar sein.
- positiv formuliert sein.

2. Sachebene:
- Welche Themen will ich ansprechen?
- In welcher Reihenfolge spreche ich die Themen an?
- Welche Argumente und Beispiele habe ich?

3. Selbstkundgabeseite:
- Wie erlebe ich persönlich die Situation? Was sind meine Gefühle?
- Was sind meine Bedürfnisse und Interessen?
- Was davon will ich mitteilen?

4. Beziehungsseite:
- Wann und wo können wir ungestört miteinander sprechen?
- Wie schaffe ich ein angenehmes Klima? Wie steige ich ins Gespräch ein?
- Wie kann ich meine Kritik äußern, ohne den anderen abzuwerten oder zu verletzen?
- Wie sieht mein Gesprächspartner die Situation? Welche Argumente erwarte ich, und wie will ich damit umgehen?
- Wie kann ich das Gespräch positiv abschließen?

Beim **Gespräch** selbst gehen Sie dann ungefähr in **umgekehrter Reihenfolge** vor.

1.3 Theorieinput 3: Verständlichkeit

Quelle: Paper erstellt von Paper erstellt von Richard Krön (EAK) auf der Basis von Schulz von Thun, F. (1982): Verständlich informieren und schreiben. Trainingsprogramm Deutsch für Schüler. Freiburg im Breisgau: Herder-Bücherei.

Verständlichkeit

	VERSTÄNDLICHKEIT	
A	**Einfachheit** kurze Sätze, bekannte Wörter, anschaulich	**Kompliziertheit** lange Sätze, unbekannte Wörter, unanschaulich
B	**Übersichtlichkeit** gegliedert, folgerichtig, alles der Reihe nach, Wichtiges ist hervorgehoben	**Unübersichtlichkeit** ungegliedert, zusammenhanglos, alles durcheinander, Wichtiges und Unwichtiges ist nicht auszumachen
C	**Kürze** knapp, nur das Wesentliche, kurz und bündig	**Weitschweifigkeit** ausführlich, viele Nebensächlichkeiten, breit und umständlich
D	**Anregung** lebendig, interessant, persönlich	**Keine Anregung** nüchtern, sachlich, unpersönlich

1.4 Theorieinput 4: Das 5-Schritt-Modell

Quelle: Fricke, Wolfgang (1991): Frei reden. Leitfaden zum Mitreden und Einmischen. Köln: Bund-Verlag.

Das 5-Schritt-Modell

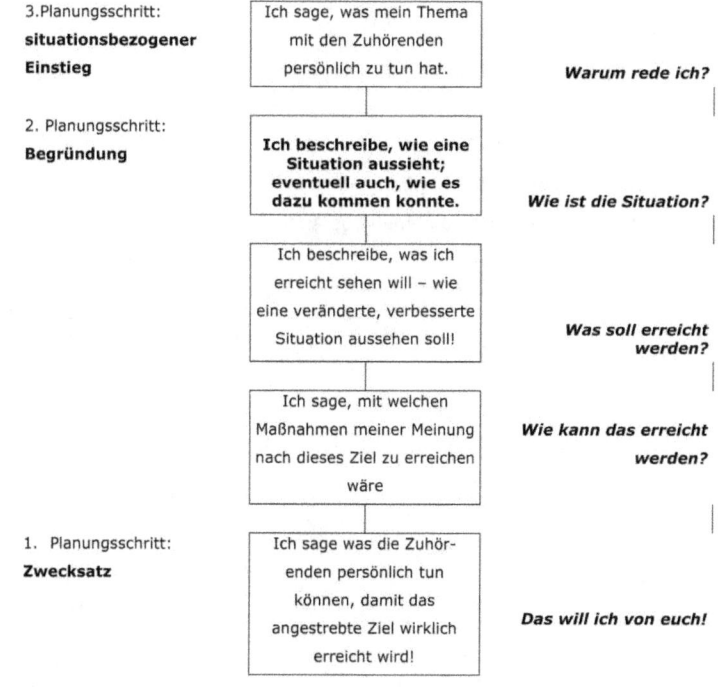

1.5 Theorieinput 5: Kommunikative Kompetenz

Quelle: LeMar, Bernd (2001): Menschliche Kommunikation im Medienzeitalter. Im Spannungsfeld technischer Möglichkeiten und sozialer Kompetenz. Berlin: Springer.

Kommunikative Kompetenz

- Metakommunikation
- Verantwortungsübernahme
- Gefühle thematisieren
- Ich-Botschaften senden
- bewußt Vereinbarungen treffen und einhalten
- Wahrnehmen und Ernstnehmen des Anderen

1.6 Theorieinput 6: Transaktionale Analyse

Quelle: Schulz von Thun, Friedemann (2010): Miteinander reden 1. Störungen und Klärungen. Reinbek: Rowohlt.

Transaktionale Analyse

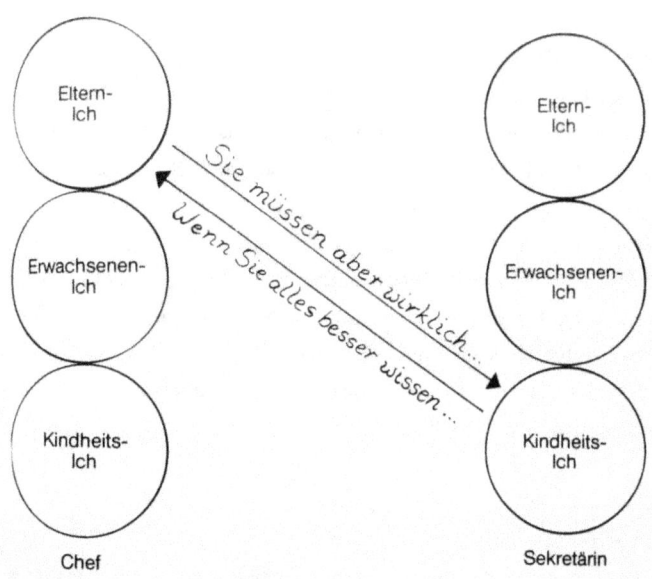

Beschreibung der Ich-Zustände – Auszug aus Wald (2012)

Quelle: Wald, Joachim E. (2012): Miteinander Beziehungen führen. Die Interpersonelle Kommunikation als der (immer noch) unterschätzte Schlüsselfaktor der Public Relations. Salzburg: Unveröffentlichte Magisterarbeit.

Das Eltern-Ich

In diesem Ich-Zustand sind nach Schulz von Thun (2010: 170 f.) jene Dinge vereint, welche die Eltern dem Kind vermittelt haben. Dazu gehören Hilfe, Behütung und Weisheiten ebenso wie Ermahnungen und Verbote. Auch in der Kommunikation kann sich das Eltern-Ich auf zwei verschiedene Weisen bemerkbar machen. Auf der einen Seite kann es sich kritisch, verurteilend oder moralisierend zeigen und auf der anderen Seite fürsorglich. Als Beispiel für die erste Ausprägung führt der Autor folgenden Satz an: „Frau Meier, wenn Sie einmal etwas mehr Ordnung halten würden, dann würden Sie die Akte auch finden." (Schulz von Thun 2010: 170) Die fürsorgliche Ausprägung wird mit folgendem Beispielsatz ersichtlich: „Und zieh dir schön eine Jacke über, nicht? ´s kalt draußen!" (Schulz von Thun 2010: 170)

Das Kindheits-Ich

Auch dieser Ich-Zustand steckt laut Schulz von Thun (2010: 171) in jedem Menschen, unabhängig von Alter und geistiger Reife. Darin verborgen sind vor allem Gefühle und Reaktionen aus der Kindheit. Dieser Ich-Zustand stellt sich in drei verschieden Arten dar: „1. *natürlich* (ausgelassen, verspielt, spontan); 2. *angepaßt* (brav, unterwürfig) oder 3. *rebellisch* (trotzig, patzig, wehleidig)" (Schulz von Thun 2010: 171, Hervorheb. i. O.) Der natürliche Zustand äußert sich in spontanen Gefühlsausdrücken. Ein unterwürfiger Satz lauten: „Es soll auch nie wieder vorkommen, Herr Dr. Ebersfeld!" (Schulz von Thun 2010: 171) Im Gegensatz dazu steht das rebellische Kindheits-Ich, dass folgendermaßen reagieren könnte: „Wenn Sie alles besser wissen, machen Sie Ihren Kram doch alleine!" (Schulz von Thun 2010: 171)

Das Erwachsenen-Ich

Dieser Ich-Zustand wird dann sichtbar, wenn eine Person sachlich und analysierend kommuniziert. Dabei wird der Gesprächspartner auf der gleichen Ebene angesprochen. „Ein gut ausgebildetes Erwachsenen-Ich läßt nur die Normen und Wertsetzungen aus dem Eltern-Ich zu, die noch heute adäquat erscheinen, und läßt diejenigen Teile aus dem Kindheits-Ich zu, die situationsangemessen sind." (Schulz von Thun 2010: 171)

1.7 Theorieinput 7: Aktiv Zuhören

Quelle: Marti, Stefan (2008): Toolbox Führung. Nützliche Werkzeuge und Modelle für Führungskräfte und Projektleiter. Winterberg: Marti.

Aktiv Zuhören

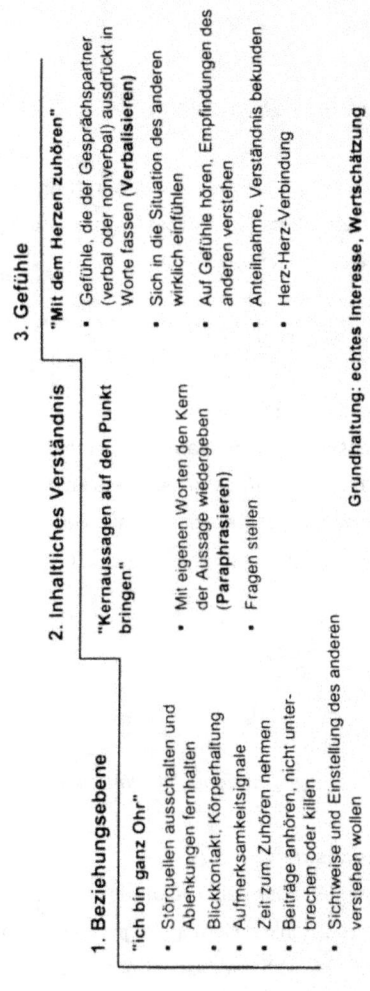

1.8 Theorieinput 8: Fragetechniken für PR-Berater

Quelle: Eigene Überarbeitung auf Basis von Krawiec, Ingo (2012): Fragetechniken für Trainer 2. Online unter: http://www.train-the-trainer-seminar.de/monatstipps/fragetechniken2.htm. Zuletzt abgerufen am 15.03.2012.

Das Paper von Krawiec war auf „Fragetechniken für Trainer" konzipiert und wurde auf die Bedürfnisse von PR-Beratern umgeschrieben sowie in „Fragetechniken für PR-Berater" umbenannt.

Fragetechniken für PR-Berater

In diesem Kapitel werden Prozess- und Beratungsfragen sowie allgemeine Regeln für Fragen erläutert. Mit Prozessfragen steuert der Berater das Gespräch und moderiert die Gruppe.

Folgende Prozessfragen sind hilfreich.

1. Die zusammenfassende Frage
Mit der zusammenfassenden Frage kann der Berater Diskussionen zusammenfassen, Fragen wiederholen und Kritik besser verstehen. Durch zusammenfassende Fragen wird geklärt, ob man den anderen richtig verstanden hat bzw. ob alle Informationen richtig angekommen sind.

Beispiele:
Haben ich Sie richtig verstanden, dass ...
Sie meinen also ...
Ihre Frage ist ...
Stimmt es, dass es hier zwei Positionen im Unternehmen gibt: ...

2. Die Konkretisierungsfrage
Teilweise bringen Kunden sehr pauschale Aussagen oder solche ohne großen Informationswert. Mit den Konkretisierungsfragen geht man von einer allgemeinen, abstrakten Ebene auf eine konkrete, spezifische Ebene.

Beispiele:
Wie meinen Sie das?
Woran merken Sie, dass Ihre Mitarbeiter motiviert sind?
Im Vergleich wozu ist dieses Produkt zu teuer?
Können Sie mir das näher erläutern?

3. Zielfragen

Durch Zielfragen wird das Ziel klarer und die Kunden konzentrieren sich stärker auf die positiven Aspekte der Zukunft. Häufig treten Kunden mit Problemen an den PR-Berater heran. Durch Fragen nach den Zielen des Kunden, kann man das Gespräch in eine konstruktive Richtung lenken.

Beispiele:
Was möchten Sie in diesem Gespräch erreichen?
Wie sieht das Ziel aus Ihrer Sicht aus?
Was wünschen Sie sich für den morgigen Tag?
Was wünschen Sie sich von mir als Berater?

4. Auswertungsfragen

Nach einem Gespräch oder Meeting können die Erfahrungen der Teilnehmer ausgewertet werden, damit die Erfahrungen integriert werden können.

Beispiele:
Wie war dieses Meeting für Sie?
Was diese Brainstorming-Methode leicht oder schwer?
Welche Erfahrungen konnten Sie sammeln?

5. Metakommunikative Fragen

Metakommunikation ist das Kommunizieren über die Kommunikation. Man geht auf eine höhere Ebene. Der Berater sollte die Metakommunikation nutzen, um Störungen oder den Gesprächsprozess anzusprechen.

Beispiele:
Mir fällt auf, dass Sie heute Morgen etwas ruhiger sind. Woran liegt das?
Ich habe den Eindruck, dass dieses Thema für Sie weniger wichtig ist, stimmt das?

6. Beratungsfragen

sollten dazu dienen, fachliche und persönliche Probleme von Kunden zu lösen. Da diese Fragen aus den unterschiedlichsten Richtungen kommen, möchte ich hier nur Beispiele bringen, die aus der systemischen Richtung kommen. In einem Beratungsgespräch sind nicht die guten Antworten die Lösung, sondern kluge Fragen.

Folgende Beratungsfragen können helfen:

1. Fragen nach Unterschieden

Wird eine Situation oder ein Merkmal beschrieben, so wird es am ehesten deutlich, wenn nach dem Merkmal der Unterscheidung gefragt wird. Unterscheidungsfragen dienen der Verdeutlichung von Wahrnehmungsunterschieden, Bewertungen, Problemen, indem Sie nach Unterschieden, Rangreihen und Prozentangaben fragen.

Beispiele:
Woran merken Sie den Unterschied?
Wenn alle Probleme beseitigt sind, woran merken Sie es?
Worin unterscheidet sich Ihre Arbeitsweise von anderen?
Wenn alle Probleme beseitigt sind, woran merken Sie es?

2. Skalierungsfragen und Prozentfragen

Skalierungsfragen und Prozentfragen machen Unterschiede deutlich, indem sie Rangfolgen und quantitative Differenzierungen verdeutlichen.

Beispiele:
Wie viel % Ihrer Probleme wären damit gelöst?
Wie würden Sie diese Sachverhalte auf einer Skala von 0-10 bewerten?

3. Kontext-Fragen

Kontextfragen dienen der Verdeutlichung des Situations- und Problemumfeldes.

Beispiele:
Wer unterstützt, berät oder hilft zurzeit bei diesem Vorhaben?
Wie sieht das Projektumfeld aus?
Wer ist an dem Thema noch beteiligt?

Wen müssten wir zur Problemlösung noch befragen?

4. Hypothetische Fragen

Hypothetische Fragen dienen der Entwicklung neuer Ideen, der Eröffnung neuer Blickwinkel, Visionen und Lösungen. Scheinbar Unmögliches wird durch eine Frage denkbar gemacht. Zusammenhänge werden in einen ungewohnten Kontext gestellt.

Beispiele:
Stellen Sie sich vor, wir befänden uns 5 Jahre in der Zukunft, auf welche Erfolge blicken Sie zurück?
Was wäre anders, wenn das Problem plötzlich über Nacht verschwunden wäre?

5. Ziel- und Lösungsorientierte Fragen

Bei jeder Art von Briefingsgesprächen gibt es Situationen, bei denen die Kunden zunächst ihr Problem schildern. Je mehr sich der Blickwinkel auf das Problem verengt hat, umso mehr ist die Beachtung dessen, was funktioniert und gut ist, verschwunden. Ziel- und lösungsorientierte Fragen verhelfen dem Kunden zu anderen Denkweisen und neuen Handlungsalternativen im Gegensatz zu problemorientierten Fragen (Schildern Sie mir Ihr Problem genauer ...), die bei den Kudnen zu einem problemorientierten Denken führen und damit eine "Problemverharrung" oder auch "Problemtrance" verursachen.

Beispiele:
Was ist Ihr Ziel in dieser Situation?
Was möchten Sie in 3 Monaten erreicht haben?
Woran merken Sie, dass Sie Ihr Ziel erreicht haben?
Welche Kriterien müsste die Lösung erfüllen, damit sie für Sie eine gute Lösung darstellt?

1.9 Theorieinput 9: Moderation

Quelle: Paper erstellt von Sabine Rohrmoser und Dr. Hannes Horngacher. Das Paper wurde in Form und Layout an diese Arbeit angepasst und gibt lediglich Auszüge des Originalpapers wieder.

Ablauf einer Moderation

1. Einstieg
Hier geht es darum, die TeilnehmerInnen auf das einzustimmen, was kommt.

Möglicher Ablauf:
Begrüssung der TeilnehmeInnenr durch die ModeratorInnen
Zielsetzung:
- Abstimmen des "Fahrplans" (Zeitplan)
- Schaffung eines positiven Arbeitsklimas

Abklärung der Erwartungen von TeilnehmerInnen und ModeratorInnen
Zielsetzung:
- Kennenlernen der einzelnen Erwartungen
- Besprechen eventuell vorhandener Vorbehalte
- Vereinbaren von Regeln für die Zusammenarbeit

Vorstellen der Methodik und Protokollfrage klären
Zielsetzung:
- Die TeilnehmerInnen für die vorgesehene Vorgehensweise gewinnen und klären, welche Form das Protokoll haben soll (z. B. Simultanprotokoll)

Hinführung zum Thema
Zielsetzung:
- Inhaltliche Orientierung geben
- Zielsetzung der gemeinsamen Arbeit abstimmen

2. Sammeln
Das Sammeln der Themen ist der erste **inhaltliche** Arbeitsschritt. Hier geht es da-

rum, Themen zu finden, die die Gruppe bearbeiten will, oder aber, Fragen zu einem bestimmten Thema sammeln.

Möglicher Ablauf:
Formulierung einer präzisen, zielgerichteten Fragestellung und Visualisierung auf der Pinwand
Zielsetzung:
- Ausgangspunkt für die gemeinsame inhaltliche Arbeit schaffen
- Konzentrieren der Gedanken der TeilnehmerInnen auf die Zielsetzung

Moderationskarten an die TeilnehmerInnen austeilen und zur schriftlichen Beantwortung der Fragestellung auffordern
Zielsetzung:
- Sammlung der Einfälle zur Fragestellung
- Einbeziehen aller TeilnehmerInnen/Nennungen

Karten einsammeln und an die Pinwand stecken
Zielsetzung:
- Überblick gewinnen, Transparenz schaffen

Ordnen und Strukturieren der Karten
Zielsetzung:
- Überschaubarkeit erhöhen durch Oberbegriffe
- inhaltliche Schwerpunkte finden

3. Auswählen

Hier geht es darum, festzulegen, welches Thema bzw. welche Frage die Gruppe konkret behandeln will. Es ist auch denkbar, mehrere Themen festzulegen. Sinnvoll ist dies vor allem dann, wenn in Kleingruppen parallel weiter gearbeitet werden soll.

Möglicher Ablauf:
Erstellen eines "Themenspeichers", d. h. Auflistung der gefundenen Themen an der Pinwand
Zielsetzung:
- Die Oberbegriffe "auf einen Blick" erfassbar machen;

- das Weiterarbeiten (methodisch) erleichtern

Formulierung einer zielgerichteten Fragestellung und Visualisierung auf der Pinwand
Zielsetzung:
- Finden der wichtigsten und/oder dringlichsten Punkte,
- Hauptinteressen ... der GruppenteilnehmerInnen

Themen mittels "Punkten" gewichten lassen, d. h. die TeilnehmerInnen werden aufgefordert, mit Klebepunkten ihr Votum abzugeben
Zielsetzung:
- Gesammelte Themen/Fragen in eine Rangreihe bringen

4. Bearbeiten
In diesem Schritt werden die Themen entsprechend der festgelegten Rangordnung bearbeitet.

Ziel kann sein:
- Erweiterung/Vertiefung des Themas
- Ursachenanalyse
- Lösungsvorschläge/Lösungsalternativen erarbeiten.

Möglicher Ablauf:
Geeignete Methoden vorschlagen/empfehlen z. B. Kleingruppenarbeit
Zielsetzung:
- Möglichst effiziente Bearbeitung gewährleisten

Präzise Fragestellung formulieren und auf Pinwand visualisieren
Zielsetzung:
- Mit einer zur Methode passenden Fragestellung arbeiten;
- Aufmerksamkeit der TeilnehmerInnen auf die Zielsetzung der Arbeit und das gewählte methodische Vorgehen konzentrieren;
- möglichst konkrete Themenbearbeitung sicherstellen, um ein Abschweifen vom Thema zu vermeiden.

5. Maßnahmen planen

In diesem Schritt wird festgelegt, welche Maßnahmen aufgrund der Ergebnisse aus der Themenbearbeitung durchzuführen sind. Hierzu ist Gruppenkonsens erforderlich.

Möglicher Ablauf:

Matrix des Maßnahmenplans an der Pinwand visualisieren

Zielsetzung:
- Struktur für die weitere Arbeit schaffen

Die als notwendig erachteten Aktivitäten in die Matrix eintragen

Zielsetzung:
- Die für eine konkrete Realisierung vorgesehenen Maßnahmen für alle sichtbar dokumentieren

Für jede Maßnahme Verantwortlichkeiten und Terminisierung festlegen sowie gegebenenfalls Kontrollen vereinbaren

Zielsetzung:
- TeilnehmerInnen zu konkreten Aktivitäten verpflichten und eindeutige Termine fixieren, um die Realisierung der Maßnahmen zu gewährleisten

6. Abschluss

Die inhaltliche Arbeit ist nun beendet. Es bietet sich an, jetzt den Gruppenprozess zu reflektieren, d.h. gemeinsam folgende Fragen zu besprechen:

- Wurden meine persönlichen Erwartungen erfüllt?
- Bin ich mit dem Ergebnis zufrieden?

Eine solche Reflexion kann auch zu einem früheren Zeitpunkt sinnvoll sein, nämlich dann, wenn

- TeilnehmerInnen Unzufriedenheit äußern
- die inhaltliche Arbeit ins Stocken gerät

Die ModeratorInnen beenden die Veranstaltung mit einem Dank an die TeilnehmerInnen.

1.10 Theorieinput 10: Paper „Feedback – Regeln"

Quelle: Paper erstellt von KOMUNARIKO auf der Basis von Vopel, Klaus/Kirsten, Rainer (1974): Kommunikation und Kooperation. Ein gruppendynamisches Trainingsprogramm. München: Pfeiffer. Das Paper wurde in Form und Layout an diese Arbeit angepasst.

FEEDBACK - REGELN

Einige Regeln für das Geben und Empfangen von Feedback:

a) Richtlinien für das Geben von Feedback
- Beschreibend
Beschreiben Sie das Verhalten Ihres Gegenübers so ausführlich und konkret wie möglich.

- Mitteilung eigener Reaktion
Teilen Sie Ihre Beobachtungen als Beobachtungen, Ihre Vermutungen als Vermutungen und Ihre Gefühle als Gefühle mit.

- Aktualität
Ihr Feedback ist leichter zu verstehen und nachzuvollziehen, wenn Sie es sofort geben, da die mit dem Ereignis verbundenen Gefühle noch existieren.

- Zur rechten Zeit
Geben Sie dann Feedback, wenn Sie annehmen, dass die oder der Betreffende Sie hören kann bzw. die Zeit- und Ortsverhältnisse für beide Gesprächsparteien günstig sind.

- Kein Zwang zur Änderung
Ob eine Verhaltensänderung aufgrund des von Ihnen gegebenen Feedback eintritt, liegt im Ermessen Ihres Gegenüber. Wenn Sie gerne eine Veränderung hätten, formulieren Sie einen entsprechenden Wunsch.

- **Angemessenheit der Mitteilung**

Angemessenes Feedback berücksichtigt die Bedürfnisse aller Beteiligten in rechter Weise und bezieht sich auf ein begrenztes, konkretes Verhalten. Im Fall einer negativen Kritik soll der/dem Gesprächspartner/in ein Ausweg offen bleiben (Möglichkeit das Gesicht zu bewahren).

b) Richtlinien für das Empfangen von Feedback

- **Sagen Sie genau, worüber Sie Feedback haben wollen.**

Bitten Sie andere, Ihnen ein Feedback zu geben. Beachten Sie jedoch, dass Feedback dann am wirksamsten ist, wenn auf eine konkrete Frage geantwortet werden kann.

- **Überprüfen Sie, was Sie gehört haben.**

Stellen Sie sicher, ob Sie auch genau das gehört haben, was gemeint war. Versuchen Sie es mit einer Umschreibung.

- **Teilen Sie Ihre Reaktion über das Feedback mit.**

Es ist wichtig, dass Sie Ihre eigenen Gefühlsreaktionen auf das Feedback Ihrem Gegenüber mitteilen. Nur so kann geklärt werden, ob das Gesagte für Sie nützlich und hilfreich war.

- **Verteidigen Sie sich nicht sogleich, hören Sie zunächst nur ruhig zu.**

In manchen Fällen ist es gut, über die Bedeutung eines Feedback länger nachzudenken bevor man reagiert; vor allem dann, wenn Sie eine starke gefühlsmäßige Betroffenheit bei sich feststellen.

- **Offenheit**

Die Wirksamkeit der Hilfe hängt auch von der Offenheit ihrerseits ab. In der Regel bin ich offener, wenn ich meine/n Gesprächspartner/in persönlich und fachlich für kompetent halte. Bei Menschen, die ich nicht besonders schätze, gilt daher verstärkt die Regel:

Nicht argumentieren und verteidigen, sondern zuhören, nachfragen und klären!

2. Übungen/Trainerleitfäden

2.1 Trainerleitfaden 1: Schwieriges Gespräch mit Nachrichtenquadrat

Quelle: Eigener Trainerleitfaden.

Trainerleitfaden: Schwieriges Gespräch mit Nachrichtenquadrat

Dauer: 60 Min
Teilnehmer: 2-12-16 (min-opt-max)

Dauer	Gr.-form	Beschreibung	Medium
		Ziel: TN führen ein praxisnahes Gespräch mit einem Kunden, das sie mit Hilfe des Nachrichtenquadrats vorbereitet haben.	
20	PL/ Einzel	**Vorbereitung:** TR liest eine Situationsbeschreibung vor. TN bereiten darauf hin ihre Gespräche mit Hilfe des Papers „Gespräche mit dem Nachrichtenquadrat" vor.	
5	Einzel	**Vorbereitung:** TR bittet die TN Paare zu bilden.	
20	PL	**Umsetzung:** TN simulieren jeweils 10 Minuten ein Gespräch zwischen Kunde und PR-Berater. Nach dem ersten Gespräch folgt ein Rollentausch.	
15	PL	**Auswertung:** Im Plenum stellt der Trainer den TN Reflexionsfragen. Die könnten folgendermaßen aussehen: - Wie ist es Ihnen mit Ihrer Rolle gegangen? - Wie hat Ihnen die Vorbereitung geholfen?	

Situationsbeschreibung

Sie sind PR-Berater und betreuen Ihren Kunden Max Mustermann seit 2 Jahren. Mustermann führt eine Modeboutique und verkauft exklusive Markenware. Sie haben eine sehr gute Beziehung zueinander und gehen sogar hin und wieder Abendessen. Herr Mustermann vertraut Ihnen sehr, ist aber auch sehr kritisch und verlangt immer 100 % Qualität und Einsatz von Ihnen. Für eine bevorstehende Modenschau haben Sie die Eventplanung übernommen. Rechtzeitig vor der Veranstaltung haben Sie die Einladungskarten erhalten, die nun verschickt werden sollen. Als Sie die Karten ansehen, entdecken Sie voller Entsetzen einen Rechtschreibfehler: Statt dem 21. März, steht der 22. März auf der Karte. Eine neuer Druckauftrag geht sich nicht aus, daher ist eine Email-Einladung an alle Kunden die einzige Möglichkeit, die Gäste noch rechtzeitig einzuladen. Herr Mustermann hasst Emails und beschwert sich immer über die vielen Spam Nachrichten. Sie haben nun die Aufgabe Herrn Mustermann in einem persönlichen Gespräch die negativen Neuigkeiten zu überbringen. Bereiten Sie das Gespräch mit dem Nachrichtenquadrat vor und versuchen Sie es so gut wie möglich zu lösen. Die Teilnehmer die Herrn Mustermann spielen reagieren am Anfang natürlich dementsprechend entsetzt, werden aber zunehmend gelassener, wenn der PR-Berater gut kommuniziert.

2.2 Trainerleitfaden 2: Kurzrede nach dem 5-Schritt-Modell

Quelle: Paper erstellt vom EAK, Europäisches Aus- und Fortbildungsinstitut für Kommunikation.

5-Schritt-Modell

TRAINERLEITFADEN: 5-Schritt-Modell
F - Argumentation / Rhetorik

Dauer: abhängig von Arbeitsform
Teilnehmer: beliebig (min - opt - max)

Dauer Min	Gru.-form	Beschreibung	Medium/Notizen
		Ziel: Ausgehend von einem vorgegebenen Zwecksatz die Formulierung von Redebeiträgen nach dem 5-Satz-Modell üben	
5	PL	Diese Übung ist im Kern fürs Selbststudium gedacht und muss für die jeweilige Gruppensituation adaptiert werden. Es wird die Form auszuwählen sein, die sich in den Seminarablauf einpasst (Plenum, Einzelarbeit, Teilgruppen, ...) **Ablauf:** INF: 5-Schritt-Modell erklären	ABL leer
		Gruppenform einteilen **ABL: 5-Schritt-Modell** mit **Thema** und **ausgefülltem Zwecksatz** austeilen	
30	TG/EA	**Vorbereitung:** TN sollen in die offenen Felder der Arbeitsblätter Stichworte zu den einzelnen Punkten der Gliederung eintragen. - Mit den Begründungspunkten beginnen - Situation, in der gesprochen werden soll überlegen - Einstieg bearbeiten - Sprechdenkversuche allein	
je nach Gru.-form		**Redeversuch** je nach gewählter Gruppenform vor Plenum oder Teilgruppe Mit oder ohne Video möglich	
		Variationen: - Pro TN je nach Zeit auch mehrere Themenblätter ausgeben - Leere Arbeitsblätter ausgeben und TN selbst Themen und dazugehörige Zwecksätze formulieren lassen. Eventuell in Paaren, jeweils für den Partner	

2.3 Trainerleitfaden 3: Ich-Botschaften

Quelle: Paper erstellt vom Fachhochschule Fulda nach Pählmann, Streitschule, Jungfermann Verlag, 2001. Online unter: *http://m4u.jackoedv.de*

Ich-Botschaften

Ich-Botschaften gewähren dem Gegenüber einen Einblick in meine innere Welt, in mein „Haus". Sie sind kein Angriff auf den Gegenüber und lösen deshalb normalerweise keine Verteidigungshaltung aus. Die Ich-Botschaft zeigt dem Gegenüber die eigenen Gefühle und die Weltsicht auf und ermöglicht kritische Anmerkungen ohne einen Gesichtsverlust des Gegenübers.

Bsp.:
Ich finde Du bist zu selten für mich da. > Ich wünsche mir, dass wir mehr Zeit miteinander verbringen. ... Nie spülst Du Dein Geschirr! > Ich fühle mich ausgenutzt, weil ich immer das gesamte Geschirr spülen muss.

Zur Übung: Die untenstehenden Sätze sind, auch wenn sie mit Ich anfangen nicht alles Ich-Botschaften. Lesen Sie sich in der Kleingruppe die Sätze reihum vor und formulieren Sie die Du-Botschaften zu Ich-Botschaften um. Denken Sie dabei an konkrete Situationen, wo könnte das gesagt werden, was will ich mit diesem Satz aussagen, warum sage ich das, welche Interessen und Gefühle stecken hinter dieser Aussage.

- Du gibt's immer so viel Geld aus!
- Du machst Dir zu viele Sorgen.
- Du regst mich auf!
- Ich vermute, Du sagst das nur, um mir eins auszuwischen.
- Es ist doch lächerlich, so zu reagieren.
- Ich finde, Du bist zu selten für mich da.
- Ich möchte auch mal so wichtig sein, wie deine Arbeit.
- Ich mache mir Sorgen, dass Du die Kunden mit dieser Aktion verärgerst.
- Ihr Angebot ist mir zu unübersichtlich.
- Du machst immer, was andere von Dir wollen.

2.4 Trainerleitfaden 4: Laptop

Quelle: Paper erstellt von Mag. Martin Seibt, MSc. Das Paper wurde in Form und Layout an diese Arbeit angepasst und gibt lediglich Auszüge des Originalpapers wieder.

TRAINERINNENLEITFADEN: Laptop
A- Zuordnung

Dauer: 165 Min
TeilnehmerInnen: 5 - 7 - 14 (min - opt - max)

Dauer Min	Gru.-Form	Beschreibung	Medium/ Notizen
		Ziele: • Erleben einer Verhandlungssituation und der eigenen Durchsetzungskraft • Erleben und Verbessern der persönlichen Argumentation • Erkennen und Sensibilisierung von/für Interaktionen • Üben der Gesprächsleitung (Rolle Berger) • Erleben der Spannung zwischen optimaler Lösung und persönlichem Vorteil • Überprüfen der Fähigkeit zu einer gemeinsamen Problemlösung beizutragen	nicht nennen; bei Analyse berücksichtigen
5	PL	**Ablauf:** **Einführung/Motivation:** Beziehung zum Gesamtseminar und zur Gruppe herstellen. In der Praxis gibt es immer wieder Situationen, in denen es um Problemlösungen bei Interessenskonflikten geht (Dienstleistung, Urlaub, etc.) Übung ist ein Rollenspiel, in dem alle JournalistInnen einer Tageszeitung sind. Dort gibt es ein Problem zu lösen. Dabei kann gelernt werden: ---> Ziele	
5		**Ablauf erklären:** **ABL: Der neue Laptop** mit der allgemeinen Situationsbeschreibung und Auflistung der Rollen austeilen und durchgehen; Verständnisfragen beantworten	ABL 3/101 (1. Blatt)
		Rollenverteilung: wählen lassen; auf FC festhalten Rollenbeschreibungen verteilen, Schilder mit Rollennamen anfertigen und anstecken/-kleben lassen	FC 1 ABL 3/101 (Rollen), Kärtchen/Schilder
		Variationen: Bei großer TeilnehmerInnenanzahl: 1. Beobachtungsrollen für verschiedene Gesichtspunkte (Leitung, Konflikte in der Gruppe,...) anbieten. 2. Rollen doppelt/mehrfach besetzen. Wechsel nach 15 Min. 3. Bei Doppelbesetzung evt. nach 25 Min. Pause von 5 Min. zur internen Besprechung, dann erst Wechsel. Hinweis: Gruppe muss in der vorgegebenen Zeit (45 Min) eine Lösung finden	

Dauer Min	Gru.-Form	Beschreibung	Medium/ Notizen
15	EA	**Vorbereitung:** Rolle studieren und Strategie überlegen TrainerIn bereitet FC für Auswertung und Sitzordnung für die Aufnahme vor (BeobachterIn einweisen)	
30	PL	**Videoaufnahme:** Hinweis 5 min vor Schluss: keine Lösung, keinen Laptop	
5		**Auswertung:** Feedbackrunde ABL ausfüllen, auf Flipchart festhalten. Eventuell Rollen auflösen (ent-Rollen), beruhigen. Allg. Auswertung: wie war es? Rollen offen legen/vorlesen lassen. (BeobachterIn berichten)	ABL 2-082 FC 2
90		**Videoanalyse:** 1x mit Stopps Auswertungskriterien: lt. TLF - Ziele - Welche Vorgangsweise wurde gewählt? - Wie kam sie zustande? - Wie wurde damit umgegangen? - Wie wurde Leitung ausgeübt?	Video
		Lernpunkte auf FC festhalten	FC
10		Dazwischen wo/wenn es passt: **INF: Selbstsicheres Verhalten in Diskussionen**	INF 1/325 oder 326
10		**Zusammenfassung** anhand der Ziele und Lernpunkte	
		Mögliche Information/Theorie: Selbstsicheres Verhalten in Diskussionen Aufgaben des Diskussionsleiters	INF 1/325 oder 326 INF 1/351

DER NEUE LAPTOP

Allgemeine Informationen:

Sie arbeiten für eine große Tageszeitung. Ihre Gruppe setzt sich zusammen aus 5 Journalisten und einem Gruppenvorstand, der im Innendienst arbeitet. Ihre Arbeit umfasst Interviews, Pressekonferenzen, Reportagen, Berichte u.v.m. Die Arbeit erfordert große berufliche Tüchtigkeit beim Recherchieren und Präsentieren der Ergebnisse. Sie brauchen jedoch großes Geschick und Feingefühl im Umgang mit den verschiedensten Personen. Jeder Journalist arbeitet grundsätzlich allein. Jeder Journalist besitzt einen Laptop, der ihm persönlich zugeteilt ist. Die Journalisten achten sehr auf ihre Laptops und bemühen sich, sie stets in funktionstüchtigem und gepflegten Zustand zu halten. Selbstverständlich hätte jeder am liebsten einen möglichst neuen Laptop.

Hier einige Daten über den Betriebsrat und die fünf Journalisten und ihre Laptops, wie sie dem

Gruppenvorstand Walter Berger unterstellt sind:

FRANZ HUBER	17 Dienstjahre	1jähriges Siemens-Laptop
MAX MÜLLER	11 Dienstjahre	5jähriges IBM-Laptop
HANS KLEINER	10 Dienstjahre	3jähriges HP-Laptop
KARL MOSER	5 Dienstjahre	2,5jähriges HP-Laptop
GEORG WAGNER	3 Dienstjahre	5jähriges HP-Laptop
JOSEF MAIER	5 Dienstjahre	Betriebsrat

Während Huber, Müller und Wagner vorwiegend im Zentrum der Stadt (S) arbeiten, recherchieren Kleiner und Moser auch bundesweit (L). Denken Sie sich ganz natürlich in die Rolle ein, die Sie übernehmen wollen. Handeln Sie dann im Gespräch frei, so reagieren Sie genau so, wie in einer Situation, die Sie ganz persönlich betrifft.

Es geht um die Zuteilung eines neuen Laptops.

ROLLEN

ROLLE FÜR WALTER BERGER (Vorgesetzter)
Sie sind Gruppenvorstand einer kleinen Gruppe von Journalisten, von denen jeder für seine Arbeit einen Laptop zugeteilt hat. Die Leute brauchen den Laptop, um die Ergebnisse ihrer Recherchen festzuhalten und zu bearbeiten. Sie erhalten aufgrund eines Budgets von Zeit zu Zeit einen neuen Laptop zugeteilt und können dafür einen älteren Laptop abgeben. Sie müssen dabei entscheiden, welcher Mitarbeiter den neuen Laptop erhält. Dabei entstehen jedes Mal Unstimmigkeiten, weil jeder glaubt, er müsse ihn bekommen. Dies erschwert Ihre Entscheidung. Es fällt Ihnen außerordentlich schwer, allen gerecht zu sein. Bis jetzt war es fast immer so, dass alle enttäuscht und unzufrieden waren. Gerade jetzt stehen Sie wieder vor einem Problem. Sie erhielten Bericht, dass ein neues IBM Gerät eintreffen wird und Sie müssen in den nächsten Tagen die Zuteilung vornehmen.
Diesmal wollen Sie das Problem anders lösen. Sie wollen die Entscheidung der Gruppe überlassen. Sie wollen mit Ihren Leuten über die Neuzuteilung sprechen

und ihnen die Frage vorlegen, welches wohl die gerechteste Zuteilung wäre. Dabei möchten Sie selbst einmal keine Stellung beziehen, denn Sie möchten wirklich erfahren und tun, was Ihren Mitarbeitern gerecht erscheint.

ROLLE FÜR FRANZ HUBER (17 Dj., 1j. Siemens, S)

Wenn schon ein neuer IBM-Laptop verfügbar ist, dann glauben Sie, darauf ein Anrecht zu haben. Sie haben schließlich am meisten Dienstjahre und dazu können Sie den Siemens Laptop (Ihren jetzigen) nicht ausstehen. Sie besitzen selbst privat einen IBM-Laptop und würden deshalb auch im Dienst einen solchen vorziehen. Außerdem haben Sie keinen direkten Anschluss für Videos. Sie hatten früher einen IBM-Laptop zugeteilt, bevor Sie den jetzigen Siemens-Laptop übernehmen mussten.

Rolle für Max Müller (11 Dj., 5j. IBM, S)

Sie haben das Gefühl, einen neuen Laptop wirklich verdient zu haben und sind ganz sicher, dass Sie ihn diesmal bekommen werden. Ihr jetziger Laptop ist schon ziemlich alt. Es kann noch nicht einmal das neue Betriebssystem installiert werden. Der Dienstälteste (Huber) hat noch einen ziemlich neuen Laptop, deshalb ist es Ihr gutes Recht, dass Sie diesmal drankommen. Sie haben Ihren jetzigen Laptop mit großer Sorgfalt gepflegt und er sieht trotz seines Alters wie neu aus. Ein Mitarbeiter verdient nach Ihrer Ansicht, dass er dafür belohnt wird, wenn er seinen Laptop so vorbildlich pflegt als wäre er sein eigener.

Roller für Karl Moser (5 Dj., 2,5j. HP, L)

Die integrierte Maus in Ihrem Laptop funktioniert nicht richtig. Seit Georg Wagner vor einem halben Jahr Ihren Laptop hat fallen lassen, wurde er nicht richtig repariert. Außerdem haben Sie nur wenig Speicherplatz zur Verfügung und das Betriebsprogramm stürzt hin und wieder ab, wodurch Ihnen mehr Arbeit entsteht und Sie Zeit verlieren. Sie möchten endlich wieder einmal mit einem vernünftigen Laptop Ihrer Arbeit nachgehen können, denn Sie haben einen recht großen Themenbereich zu betreuen und verbringen einen großen Teil Ihrer Arbeitszeit am Laptop. Solange der Laptop richtig in Ordnung ist, ist es Ihnen eher egal, welche Marke und Herkunft er hat.

Rolle für Hans Kleiner (10 Dj., 3j. HP, L)

Sie haben vorwiegend im ganzen Bundesland zu tun und arbeiten deshalb am meisten an Ihrem Laptop. Ihr Laptop ist alt. Das Display flimmert schon eine geraume Zeit, was sich stark auf Ihre Augen auswirkt. Nachdem Sie jeden Tag so viele Stunden daran arbeiten, wäre es eigentlich nun an Ihnen, diesen neuen Laptop zugeteilt zu bekommen, Sie rechnen fest damit.

Rolle für Georg Wagner (3 Dj., 5j. HP, S)

Sie haben bei weitem den schlechtesten Laptop der ganzen Gruppe. Der Laptop ist nun mehr als 5 Jahre alt und bevor Sie ihn zugeteilt bekamen, war er in einem jämmerlichen Zustand und ist furchtbar langsam. Sie waren nie recht zufrieden, haben sich aber dennoch mehr als 2,5 Jahre mit der Situation abgefunden. Nun ist es endlich Zeit, dass Sie einen neuen Laptop bekommen. Es scheint Ihnen selbstverständlich, dass Sie nun an der Reihe sind. Sie gingen bisher immer sehr sorgfältig und vorsichtig mit Laptops um. Nur letztes Jahr passierte Ihnen das Missgeschick, dass Sie den Laptop von Karl Moser fallen ließen. Sie hoffen, dass der neue Laptop von IBM ist, weil Sie am liebsten einmal mit so einem Laptop arbeiten würden.

Rolle für Josef Maier, Betriebsrat (5 Dj.)

Sie sind Betriebsrat in diesem Unternehmen, dem Sie seit 5 Jahren angehören. Sie wurden schon einige Male von Mitarbeitern der Abteilung des Herrn Berger angesprochen, dass es durch den Gruppenvorstand Berger häufig unverständliche Entscheidungen gebe. Besonders bei der hin und wieder anfallenden Verteilung von einem neuen Laptop würde es zu sehr parteilichen und einseitigen Entscheidungen kommen. Nun haben Sie erfahren, dass ein neuer Laptop für die Gruppe von Berger zur Verteilung gelangen soll. Sie haben sich daher entschlossen, an der entsprechenden Sitzung teilzunehmen und haben Herrn Berger kurz davon verständigt. Sie wollen ganz genau prüfen, wie es bei der Verteilung zugeht, und möchten Ihre Bedenken gegen jede Lösung äußern, die Ihnen irgendwie einseitig und ungerecht erscheint.

2.5 Trainerleitfaden 5: DISG-Kommunikationsprofil

Paper erstellt von KOMUNARIKO (Prof. Dr. Lothar J. Seiwert). Das Paper wurde in Form und Layout an diese Arbeit angepasst und gibt lediglich Auszüge des Originalpapers wieder.

DISG-Kommunikationsprofil

- Verbessern Sie Ihre Kommunikation durch bewusstes Zuhören.
- Bringen Sie Meetings und Gespräche zu einem erfolgreichen Ergebnis.
- Erreichen Sie mehr Erfolg und größere Souveränität durch richtiges Zuhören.
- Bauen Sie Probleme und Spannungen im Gespräch ab.
- Erhöhen Sie Ihre persönliche Anziehungskraft durch gezieltes Zuhören.
- Kommunizieren Sie in Beruf und Privatleben positiver.

Einleitung

Mit dem Kommunikations-Profil analysieren Sie Ihren Gesprächsstil und erkennen, wo typische Verhaltensweisen sich hemmend auf Ihre Verhandlungen und Gespräche auswirken. Daraus entwickeln Sie neue, optimierte Verhaltensmöglichkeiten für alle beruflichen oder privaten Gesprächssituationen und konkrete Maßnahmen, die Ihre Kommunikation verbessern können.

Anleitung zur Durchführung des Tests

Lesen Sie die einzelnen Aussagen durch und bewerten Sie, inwieweit jede dieser Aussagen auf Ihr ganz natürliches Verhalten beim Zuhören zutrifft. Entscheiden Sie sich so häufig wie möglich für die Aussagen „Trifft nicht auf mich zu" und „Trifft voll auf mich zu", um möglichst eindeutige Ergebnisse zu erzielen.

Trifft auf mich zu:	NICHT 1	KAUM 2	ETWAS 3	VOLL 4
1. Ich lerne viel von Menschen, die andere Erfahrungen als ich selbst gemacht haben.	○	○	○	○
2. Ich liebe es, unterhalten zu werden.	♪	♪	♪	♪
3. Manche Menschen reden mit mir, weil sie Klarheit über ihre Gefühle suchen.	○	○	○	○
4. Ich versuche, mir die Absicht der/des Sprechenden klar zu machen, bevor ich reagiere.	△	△	△	△
5. Ich teile anderen gerne mit, welche Aussagen ich ihren Worten entnehmen konnte.	○	○	○	○
6. Ich höre gern Menschen zu, die mir ein gutes Gefühl vermitteln.	♪	♪	♪	♪
7. Ich kann gut erkennen, was Menschen wollen, noch bevor sie es selbst wissen.	○	○	○	○
8. Es fällt mir leicht, die wahren Beweggründe hinter Klagen oder emotionalen Ausbrüchen zu erkennen.	○	○	○	○
9. Ich mache von Dingen, die ich höre, automatisch meine eigene Zusammenfassung.	□	□	□	□
10. Ich stelle Fragen, um die Absicht der/des Sprechenden zu erfahren.	□	□	□	□
11. Ich höre besonders gerne solchen Menschen zu, die mir helfen, mich zu entspannen.	♪	♪	♪	♪
12. Ich erinnere mich neben den Worten auch gerne an das Erscheinungsbild, die Stimme und andere Merkmale der Sprecherin/des Sprechers.	◇	◇	◇	◇
13. Ich kann das, was ich höre, gut mit dem kombinieren, was ich weiß.	□	□	□	□
14. Ich kann besser zuhören, wenn die/der SprecherIn mit ihrer/seiner Darstellungsweise selbst zufrieden ist.	♪	♪	♪	♪
15. Ich zeige einer/einem Sprechenden gerne, dass mich ihre/seine Worte interessieren.	○	○	○	○
16. Ich mache mir oft Notizen zu den wichtigsten Punkten einer Rede.	◇	◇	◇	◇
17. Wenn eine Aussage von einer Expertin/einem Experten stammt, muss sie deshalb noch lange nicht wahr sein.	△	△	△	△

Seite 1: ♪ = ___ ○ = ___ □ = ___ ◇ = ___ △ = ___ .

Trifft auf mich zu:	NICHT 1	KAUM 2	ETWAS 3	VOLL 4
18. Ich kann mir sehr gut bildlich vorstellen, was andere sachlich erklären.	☐	☐	☐	☐
19. Für gewöhnlich kann ich mir das Verhalten und das Aussehen einer Sprecherin/eines Sprechers sehr viel besser merken als ihre/seine Worte.	◇	◇	◇	◇
20. Es fällt mir sehr viel leichter, einer/einem Sprechenden meine Aufmerksamkeit zu schenken, wenn mir ihre/seine Darstellungsweise gefällt.	♩	♩	♩	♩
21. Meine KollegInnen kommen oftmals zu mir, um „Dampf abzulassen".	○	○	○	○
22. Ich höre genau zu, wie jemand ihre/seine Argumente entwickelt, um mit ihr/ihm diskutieren zu können.	△	△	△	△
23. Ich kann mir Namen von Menschen sehr gut merken.	◇	◇	◇	◇
24. Ich kann Querverbindungen zwischen verschiedenen Informationen erkennen.	☐	☐	☐	☐
25. Meine Mitmenschen betrachten mich als eine/n geduldige/n ZuhörerIn.	○	○	○	○
26. Wenn ich um Rat gefragt werde, ermuntere ich andere dazu, eigene Entscheidungen zu treffen.	○	○	○	○
27. Ich lasse mich von der/dem Sprechenden nicht emotional beeinflussen.	△	△	△	△
28. Ich kann aus einer Bildgeschichte sehr viele Informationen herauslesen.	♩	♩	♩	♩
29. Wenn ich zu stark abgelenkt werde, schalte ich innerlich ab.	◇	◇	◇	◇
30. Ich suche oft nach Fakten, die die Worte der Rednerin/des Redners stützen.	△	△	△	△
31. Ich erkenne Kernaussagen auch dann, wenn die Rednerin/der Redner zwischen den Punkten „springt".	☐	☐	☐	☐
32. Ich stelle mir häufig vor, wie ich anstelle der Rednerin/des Redners eine Botschaft auf andere Weise vermitteln würde.	△	△	△	△
33. Ich höre gerne anderen Menschen zu, um neue Ideen zu gewinnen.	♩	♩	♩	♩

Seite 2 ♩ = ___ ○ = ___ ☐ = ___ ◇ = ___ △ = ___ .

Trifft auf mich zu:	NICHT 1	KAUM 2	ETWAS 3	VOLL 4
34. Im Allgemeinen kann ich erkennen, wenn eine/ein ZuhörerIn das Gesagte nicht verstanden hat.	☐	☐	☐	☐
35. In einer Umgebung fühle ich mich auf bei längerem Schweigen wohl.	○	○	○	○
36. Wenn ich jemandem zuhöre, „diskutiere" ich dessen Aussagen in meinen Gedanken.	△	△	△	△
37. Im Allgemeinen kritisiere ich eine Sprechende/einen Sprechenden nicht, die ihre/er seine Botschaft gut übermittelt.	♪	♪	♪	♪
38. Wenn ich jemandem zuhöre, finde ich Ablenkungen sehr störend und ärgerlich.	◇	◇	◇	◇
39. Ich verstehe normalerweise sehr gut, was jemand sagen will, auch wenn sie/er etwas nicht ausdrücklich sagt.	☐	☐	☐	☐
40. Ich bin normalerweise sehr skeptisch, wenn eine Rednerin/ein Redner von einer Sache schwärmt.	△	△	△	△
41. Ich gewinne mehr aus einer Präsentation, die mich zum Lachen bringt.	♪	♪	♪	♪
42. Um nichts zu vergessen, mache ich mir Notizen von dem, was gesagt wird.	◇	◇	◇	◇
43. Ich höre so lange zu, bis ich verstehe, was gesagt wird. Erst dann gebe ich eine Antwort.	△	△	△	△
44. Ich höre genau zu, wie ein/e SprecherIn ihre/seine Argumente entwickelt, um ihre/seine Gründe zu verstehen.	☐	☐	☐	☐
45. Ich kann mich sehr gut an den Klang der Stimme einer Sprecherin/eines Sprechers erinnern.	◇	◇	◇	◇
46. Wenn mir das, was gesagt wird, nicht gefällt, höre ich nicht weiter zu.	△	△	△	△
47. Nachdem mir jemand eine Sache erklärt hat, kann ich sie sehr leicht einem anderen erklären.	☐	☐	☐	☐
48. Ich finde sehr viele Gelegenheiten, um anderen Rat zu geben oder meine Meinung mitzuteilen.	△	△	△	△
49. Ich stelle sicher, dass ich die Informationen, die ich von jemandem brauche, auch bekomme.	◇	◇	◇	◇

Seite 3 ♪ = ___ ○ = ___ ☐ = ___ ◇ = ___ △ = ___.

Trifft auf mich zu:	NICHT 1	KAUM 2	ETWAS 3	VOLL 4
50. Ich liebe es, hinter dem Gesagten Humor zu erkennen.	♥	♥	♥	♥
51. Ich konzentriere mich genauestens auf das, was jemand sagt.	◇	◇	◇	◇
52. Ich ordne das Gehörte in Gedanken so, dass es für mich Sinn macht.	□	□	□	□
53. Wenn mich jemand fragt, was ich gehört habe, neige ich dazu, es kritisch wiederzugeben.	△	△	△	△
54. Manchmal sind mir die Details egal und ich interessiere mich eher für den Gesamteindruck und mein persönliches Gefühl.	♥	♥	♥	♥
55. Ich tue mein Bestes, um Ablenkungen während einer Unterhaltung zu vermeiden.	◇	◇	◇	◇
56. Für mich ist es wichtig, die Hauptbotschaft zu erkennen.	◇	◇	◇	◇
57. Ich achte darauf, welche Gefühle und Emotionen vermittelt werden.	○	○	○	○
58. Ich merke es, wenn jemand etwas anderes sagt, als sie/er tatsächlich meint.	□	□	□	□
59. Ich kann sehr leicht zu den Gefühlen anderer eine Verbindung aufbauen.	○	○	○	○
60. Ich höre gerne Menschen zu, die das Zuhören zum Vergnügen machen.	♥	♥	♥	♥

Seite 4: ♥ = ___ ○ = ___ □ = ___ ◇ = ___ △ = ___ .

2.6 Trainerleitfaden 6: Das Briefinggespräch

Quelle: Eigener Trainerleitfaden

Trainerleitfaden: Das Briefinggespräch

Dauer: 70-110 Min
Teilnehmer: 2-12-16 (min-opt-max)

Dauer	Gr.-form	Beschreibung	Medium
		Ziel: TN führen ein praxisnahes Briefinggespräch durch und wenden darin verschiedene Fragetechniken an.	
25	Einzel	**Vorbereitung:** TN sollen sich ein fiktives Unternehmen ausdenken und so genau wie möglich beschreiben (schriftlich), inkl. kommunikativer Herausforderungen.	
5	PL	**Gruppenform einteilen:** Paare sollen sich zusammenfinden.	
20-60	PL	**Umsetzung:** Jeweils ein Paar wird gebeten vor der Gruppe ein 20 minütiges Briefinggespräch durchzuführen. Dabei agieren die anderen TN als Beobachter. Ein TN übernimmt die Rolle des Kunden und stellt sein fiktives Unternehmen kurz vor. Danach folgt das Briefinggespräch.	
20	PL	**Auswertung:** Im Plenum stellt der Trainer den TN Reflexionsfragen. Die könnten folgendermaßen aussehen: - Was ist Ihnen aufgefallen? - Wie haben Sie das Gespräch erlebt? - Was waren Fragen, die zu wichtigen Informationen geführt haben?	

2.7 Trainerleitfaden 7: Die Moderation im PR-Kontext

Quelle: Eigener Trainerleitfaden

Trainerleitfaden: Die Moderation im PR-Kontext

Dauer: 120 Min
Teilnehmer: 8-10-12 (min-opt-max)

Dauer	Gr.-form	Beschreibung	Medium
		Ziel: TN führen eine praxisnahe Moderation durch und wenden ihre erlernten Kenntnisse direkt an.	
5	PL	**Vorbereitung:** TN ziehen eine Karte auf der eine vorgegebene Rolle steht. Es gibt 2 Moderatoren, 4 - 6 Vertreter des Unternehmens und 2 - 4 Beobachter. Auf den Karten der Unternehmensvertreter stehen auch persönliche Anliegen, welche die TN vertreten sollen.	Rollenkärtchen
5	PL	**Vorbereitung:** TR liest eine Beschreibung eines fiktiven Unternehmens vor, dem die Unternehmensvertreter angehören. Die Moderatoren sind externe PR-Berater des Unternehmens.	FC
90	PL	**Umsetzung:** Die Moderatoren moderieren die Gruppe nach den zuvor erlernten Phasen der Moderation.	
20	PL	**Auswertung:** Im Plenum stellt der Trainer den TN Reflexionsfragen. Die könnten folgendermaßen aussehen: - Wie ist es Ihnen in Ihrer Rolle gegangen? - Wie haben sie die Moderation erlebt? - Welche Faktoren haben den Prozess erleichtert oder erschwert?	

Es folgt die Beschreibung des Unternehmens sowie Anliegen der Unternehmensvertreter.

Beschreibung des Unternehmens

Sie sind Führungskräfte des Unternehmens Heinrich Betonwände, das 100 Menschen beschäftigt und in Familienbesitz ist. Es steht ein Wechsel in der Geschäftsleitung an. Der/die bisherige(r) GeschäftsführerIn Heinrich übergibt das Unternehmen an die nächste Generation und bleibt lediglich Berater der Firma. Der/die zukünftige GeschäftsführerIn hat eine PR-Agentur beauftragt, um die Unternehmenskommunikation zu planen und umzusetzen. In einer Moderation sollen die Maßnahmen für das erste Jahr festgelegt werden. Das Unternehmen verfügt über ein Corporate Design, eine Website und Broschüren, die alle bereits in die Jahre gekommen sind. Es wurden weder Presseaussendungen verschickt noch Anzeigen geschaltet. Die Zielgruppe des Unternehmens sind Bauleiter und Architekten. Da das größte Konkurrenzunternehmen an Marktanteil gewinnt und einen sehr modernen und umfangreichen Marktauftritt hat, möchte Heinrich Betonwände nun nachziehen. In der Moderation sollen nun die Schritte für das kommende Jahr geplant werden, wobei noch unterschiedliche Interessen vorhanden sind. Die Unternehmensvertreter sind aber durchaus kompromisswillig. Es geht darum einen gemeinsamen, kreativen Fahrplan für die Unternehmenskommunikation zu entwickeln.

Rollenkärtchen und Anliegen

- **ModeratorIn Beuschl**, externer PR-Berater
- **ModeratorIn Fuchs**, externer PR-Berater
- **BeobachterIn 1**
- **BeobachterIn 2**
- **BeobachterIn 3**
- **BeobachterIn 4**
- **Bisheriger(e) GF Heinrich**, Anliegen: Beibehaltung des traditionellen Auftritts
- **Zukünftige(r) GF Heinrich**, Anliegen: Modernisierung des Marktauftritts
- **Prokurist Mayer**, Anliegen: Auftritt der Marke soll bestehen bleiben
- **Vertriebschef Heinze**, Anliegen: Fokus auf Direct Marketing
- **Marketingchef Neuer**, Anliegen: Neues Corporate Design
- **Entwicklungschef Kunz**, Anliegen: Fokus auf technische Errungenschaften

2.8 Trainerleitfaden 8: Feedback in drei Schritten

Quelle: Schmidt, Thomas (2006): Kommunikationstrainings erfolgreich leiten. Bonn: managerSeminare.

Feedback in drei Schritten

> **Orientierung**
>
> **Ziele:**
> - Die Teilnehmer unterscheiden eigene Wahrnehmungen und Interpretationen.
> - Sie trainieren ihre Fähigkeit, konkretes und differenziertes Feedback zu geben.
> - Sie erhalten eine Rückmeldung über ihre Wirkung auf andere.
>
> **Zeit:**
> - 30 Minuten
>
> **Material:** /
>
> **Überblick:**
> - Die Teilnehmer gehen paarweise zusammen.
> - A gibt B Rückmeldung darüber, was er bei ihm wahrnimmt. Anschließend Wechsel.
> - Rückmeldungen zu Wahrnehmungen und Interpretationen in neuen Zweiergruppen.
> - In neuen Zweiergruppen Rückmeldungen zum ersten Eindruck.
> - Eventuell weitere Durchgänge zum ersten Eindruck.

Erläuterungen

Die folgende Übung dient dazu, das Geben und Nehmen von Feedback zu trainieren. Bewusst werden dabei zwei Vorgänge getrennt, die beim Feedback relevant sind: die eigene Wahrnehmung und die Interpretation dieser Wahrnehmung. Diese Unterscheidung ist eine wichtige Voraussetzung, um differenziert Feedback geben zu können.

Die Übung kann in einer frühen Phase des Seminars eingesetzt werden, etwa vor oder direkt nach der Formulierung der persönlichen Lernziele. Sie bereitet die Teilnehmer auf weitere, vertiefende Feedback-Prozesse während des Seminars vor.

Vorgehen

Der Trainer lässt die Teilnehmer Zweiergruppen bilden und gibt ihnen dann die Instruktion: *„Eines der Ziele des Seminars ist es, etwas über die eigene Wirkung zu erfahren. Darum geht es in der folgenden Übung. Bitte stehen Sie dazu auf, suchen sich eine Person, mit der Sie noch nicht zusammengearbeitet haben und setzen sich zu zweit zusammen."*

Wenn sich die Zweiergruppen gebildet haben, fährt der Trainer fort: *„Vereinbaren Sie, wer A und wer B ist. In dieser Übung geht es um Feedback. Wenn ich jemandem Feedback, also eine Rückmeldung gebe, spielen drei Vorgänge eine Rolle: zum einen das, was ich vom anderen wahrnehme und zum zweiten, wie ich meine Wahrnehmung interpretiere und zum dritten, welche Gedanken und Gefühle das bei mir auslöst. Darum geht es nun in dieser Übung, die beiden ersten Prozesse, also die Wahrnehmung und die Interpretation, zu trennen."*

Der Trainer tritt zu einer der Zweiergruppen. Er stellt sich hinter einen Teilnehmer und demonstriert das Prinzip der Übung, indem er ein kurzes Feedback an dessen Partner gibt: *„Die Übung läuft folgendermaßen: A gibt B eine Rückmeldung, und zwar zunächst nur zu dem, was er wahrnimmt. Das heißt also, Sie machen jetzt mal das, was man im Alltag nicht darf: Sie schauen sich Ihr Gegenüber mal ganz genau an und sagen ihm, was Ihnen an ihm auffällt. Ich mache das mal vor: ‚Herr Müller, bei Ihnen nehme ich Ihre Brille wahr, die Brille ist rund und hat eine goldene Fassung.'*

Sie sehen also, die Übung fängt ganz harmlos an. A meldet B zurück, was er wahrnimmt. Und achtet darauf, dass er keine Interpretationen macht, also beispielsweise nicht sagt ‚Sie schauen ganz kritisch', sondern nur beschreibt, ‚Ich nehme wahr, dass sich Falten auf Ihrer Stirn bilden'."

Die Übung beginnt. Der Trainer lässt die Übung etwa eine Minute laufen und ordnet dann einen Wechsel an. Nun gibt B Rückmeldung an A. Dann kommt die zweite Stufe der Übung: *„Jetzt kommt der zweite Schritt. Wählen Sie sich dazu einen neuen Partner und setzen Sie sich wieder zu zweit zusammen.*

Wenn sich die neuen Paare gefunden haben, fährt der Trainer fort: *„Sie äußern wieder Ihre Wahrnehmungen und schließen dann eine Vermutung oder Interpreta-*

tion an."

Der Trainer tritt wieder zu einer Zweiergruppe und macht auch diesen Schritt vor: *"‚Ich nehme wahr, dass Sie eine Brille tragen und stelle mir vor, dass Sie so'n intellektueller Typ sind, gerne lesen und vielleicht ein bisschen scheu sind.' Sie sehen, Sie können ruhig zur Sache gehen und Ihre Fantasien und Interpretationen schildern, z.B.: ‚Ich nehme wahr, dass Sie einen bunten Schal haben und vermute, Sie sind mehr so der Öko, oder Sie haben gegelte Haare, vielleicht sind Sie ein Diskogänger etc.' Natürlich sollten Ihre Rückmeldungen nicht unter die Gürtellinie gehen. Ansonsten können Sie offen Ihre Vermutungen und Fantasien äußern. Verlassen Sie sich darauf, für Ihr Gegenüber ist das ziemlich interessant. A beginnt."*

Nach zwei bis drei Minuten, wenn den Teilnehmern nicht mehr viel einfällt, ordnet der Trainer einen Wechsel an. Nachdem B wieder A ein Feedback gegeben hat, leitet der Trainer die dritte Stufe an: *"Finden Sie jetzt wieder einen neuen Partner. Einigen Sie sich wieder, wer A und wer B ist. Wir verkürzen es jetzt. Geben Sie Ihrem Partner eine kurze Rückmeldung unter dem Motto ‚Mein erster Eindruck von Dir ist ...' und machen Sie Ihre Eindrücke an Wahrnehmungen fest. B beginnt."*

Nach etwa zwei Minuten ordnet der Trainer einen Wechsel an. Wenn das Energie-Level in der Gruppe hoch ist und die Teilnehmer bei der Sache sind, kann der Trainer diese dritte Stufe noch einmal oder auch mehrfach wiederholen. Schließlich geht er zur Auswertung der Übung über: *"Ich möchte Sie bitten, reihum kurz zu sagen, wie es Ihnen bei dieser Übung ergangen ist."*

Der Trainer nimmt die Rückmeldungen entgegen und geht bei Bedarf auf einzelne Teilnehmer ein, insbesondere, wenn Irritationen bei den Feedbacks entstanden sind.

www.ingramcontent.com/pod-product-compliance
Lightning Source LLC
Chambersburg PA
CBHW070643300426
44111CB00013B/2236